高等教育中外合作办学机构
发展路径研究

吕明霞 ◎ 著

A Study on the Development Path of Chinese-Foreign Cooperation
in Running Schools of Higher Education

上海财经大学出版社

图书在版编目(CIP)数据

高等教育中外合作办学机构发展路径研究/吕明霞著.—上海：上海财经大学出版社,2023.12
ISBN 978-7-5642-4287-9/F·4287

Ⅰ.①高… Ⅱ.①吕… Ⅲ.①高等教育-国际合作-联合办学-研究-中国 Ⅳ.①G649.2

中国国家版本馆 CIP 数据核字(2023)第 219547 号

本书是中国高等教育学会 2023 年度高等教育科学研究规划课题重点项目"教育数学与创新人才培养研究"(23SX0205)和 2022 年度上海市教育科学研究项目"国际合作办学模式创新研究"(C2022375)的成果。

□ 责任编辑　邱　仿
□ 封面设计　张克瑶

高等教育中外合作办学机构发展路径研究
吕明霞　著

上海财经大学出版社出版发行
(上海市中山北一路 369 号　邮编 200083)
网　　址:http://www.sufep.com
电子邮箱:webmaster@sufep.com
全国新华书店经销
上海华教印务有限公司印刷装订
2023 年 12 月第 1 版　2023 年 12 月第 1 次印刷

710mm×1000mm　1/16　14 印张(插页:2)　201 千字
定价:68.00 元

前　言

　　经济全球化促进了高等教育国际化,高等教育组织跨国办教育已成为世界高等教育国际化的主要形式之一。我国高等教育国际化40年来,逐渐经历了从简单、单线的人员交往到多层次、多维度、多向、复杂的国际化实现形式。跨国高等教育在中国主要表现为高等教育中外合作办学(本书简称"中外合作办学")。中外合作办学的理论支持和实践操作等一系列问题已引起了教育学、社会学等多个学科的共同关注。中外合作办学既可以通过合作举办具有独立法人资格的完整高校建制的机构方式进行,也可以通过没有独立法人资格的合作举办专业和课程的项目和机构方式进行。相对于中外合作办学项目,中外合作办学机构可以更多地引进国外优质的教育资源、先进的管理方式和教学方式,具有更突出的优势,并且具有广度和深度。

　　为了更深入地研究中外合作办学机构的发展路径,本研究采取参与式观察、个案访谈和文献分析等方法,分别选取一所具有法人资格的中外合作办学高校(X大学)和一所没有法人资格的中外合作办学二级学院(S大学S学院)为研究对象,在社会学组织与环境关系理论框架下,重新审视在经济全球化和高等教育国际化大背景下,处于社会转型和教育变革时期的中外合作办学机构,对于环境变化如何做出反应并采取相应的发展策略？各种发展策略背后又具有何种行动逻辑？具体而言，中外合作办学机构面临制度、环境的变化，如何应对合法性危机？采取了何种发展策略？面对技术环境的不确定性，效率机制如何发挥作用？中外合作办学机构如何汲取外部环境中的能量，以获得组织效率最大化？

我在考察中外合作办学政策的演变和办学过程中发现，中外合作办学机构具有其自身的行动逻辑，面对复杂而不断变化的办学环境，它们采取不同的发展策略，组织形式体现为表面同形而实质却多样化的特点。具体而言有以下三点：

第一，中外合作办学机构的行动逻辑为"依附式自主"和"有限主动"。在制度环境合法性机制和技术环境效率机制的双重作用下，中外合作办学机构具有双重行动逻辑。一方面，中外合作办学机构高度依赖制度环境，其行动逻辑体现为"依附"，中外合作办学机构采取被动适应环境的发展策略；另一方面，在技术环境下，这些组织又必须自主发展，以求得生存，中外合作办学机构采取主动改变环境的"有限主动"发展策略。无论是技术环境还是制度环境，中外合作办学机构始终有各自行动逻辑主导下的发展策略。

第二，中外合作办学机构的组织形式表现为"表象上同形"。研究结果表明，高等教育中外合作办学场域中的确会出现中外合作办学机构同形的现象，呈现出同质化发展的倾向。政府的某些政策法规可以在一定程度上帮助系统保持已经存在的多样性水平，然而，另一些政策法规又可能导致高等教育系统的趋同化发展，往往会引发中外合作办学机构的组织同形现象。组织社会学中新制度主义学派认为组织为追求存在的合法性会形成制度性的同形。中外合作办学机构面对复杂的制度环境，合法性机制起着主导作用。为了获得社会合法性、行政合法性、法律合法性、政治合法性，中外合作办学机构须采取服从的发展策略。

第三，中外合作办学机构的组织形式实质上是"多样化"的，具有事业化和企业化的特征。在技术环境下，中外合作办学双方会将主要精力放在协调和控制其技术过程方面，以追求效率优先原则，通过提高自身绩效来应对环境的变化和不确定性。中外合作办学机构为了争夺有限的资源而展开的竞争推动组织或多或少地产生了相似的回应，组织在"竞争性机制"的作用下形成了"竞争性同形"。面对技术环境的压力，效率机制至关重要。当资源稀缺时，中外合作办学机构之间会为了争夺有限的资源展开激烈的竞争，尤其要面对生源、办学经费等压力，要在复杂的技术环境中生存，就必须采取逐步发展适应技术环境的发展策略。

中外合作办学机构在对制度环境依赖的前提下，努力保持组织自身的办学优势，以期获得组织生存和发展，在组织同形的基础上其办学模式和运行机制又具有多样性。这说明在中国社会转型和高等教育改革中，制度环境是技术环境的基础，制度框架影响着组织目标的实现。从组织与环境的关系来看，中外合作办学机构对制度环境高度依赖，是一个不断汲取环境中力量的积极能动的行动主体。中外合作办学机构产生和运作是与其环境中的其他行动者的策略性互动所"生产与再生产"的结果，也是与复杂的环境相互建构的结果。

吕明霞

2023 年 11 月

目 录

第一章 导论 /001

第一节 中外合作办学发展历程/001

一、中外合作办学大事记/001

二、近十年中外合作办学发展变化/003

第二节 中外合作办学发展阶段划分/004

一、中外合作办学发展的阶段划分/004

二、以组织形式演变来划分中外合作办学/008

三、以组织性质来划分中外合作办学机构/011

第三节 问题的提出/013

一、问题的提出/013

二、选题意义/014

第二章 文献综述 /016

第一节 跨国高等教育研究综述/016

一、国外学者对跨国高等教育的研究/016

二、国内学者对跨国高等教育的研究/019

三、中外合作办学研究综述/020

四、已有研究的不足/025

第二节 组织与环境关系研究评述/025

一、资源依赖理论/026

　　二、种群生态理论/030

　　三、权变理论/034

　　四、新制度主义理论/038

　　五、相关研究评述/042

第三章　研究设计/044

　第一节　研究设计/044

　　一、概念界定/044

　　二、研究方法/048

　　三、资料收集/049

　第二节　研究框架/050

　　一、理论渊源/050

　　二、分析视角/054

　　三、研究思路/057

　　四、研究框架/057

　　五、篇章安排/059

第四章　中外合作办学机构面临的环境/061

　第一节　中外合作办学的制度环境/061

　　一、中外合作办学的宏观背景/061

　　二、中外合作办学的制度环境/073

　第二节　中外合作办学机构的技术环境/078

　　一、中国高等教育市场化/078

　　二、中国高等教育普及化/079

　　三、中外合作办学机构的发展现状/082

第五章　中外合作办学学院的发展策略
　　——以 S 大学 S 学院为例/086

第一节　个案介绍/086
　　一、选择个案的理由/086
　　二、中外方合作大学介绍/087
　　三、S 大学 S 学院基本介绍/088

第二节　S 学院合法性的获得/090
　　一、合法性认同危机/091
　　二、组织合法性的获得/095

第三节　制度环境下 S 学院的发展策略/100
　　一、达到政府监管要求/100
　　二、不确定环境下的模仿与创新/102
　　三、办学理念分歧下的博弈与平衡/104
　　四、文化冲突下的调适与融合/104

第四节　技术环境下 S 学院的发展策略/105
　　一、S 学院技术环境的变化/106
　　二、准市场化运作：组织公益形象的建构与控制/107
　　三、适应技术环境：开拓多样化办学项目/108
　　四、教育质量控制：获取质量国际认证/113

第六章　中外合作办学大学的发展策略
　　——以 X 大学为例/117

第一节　个案介绍/117
　　一、个案的代表性/117
　　二、中外方合作大学简介/117
　　三、中外合作办学大学概况/118

第二节　X 大学合法性获得/119
　　一、合作的过程/119

二、合法性的获得/122

第三节 制度环境下X大学的发展策略/124

一、文化差异下重大原则问题的争议与解决/124

二、制度约束下的形式突破与创新/126

三、分权共治下利益相关者的权责厘清与平衡/128

四、东西方教育理念交融下的教育布局与"五星"战略/130

第四节 技术环境下X大学的发展策略/133

一、构建系统严密的质量监管体系/133

二、融入区域创新的生态系统/138

三、打造融合式教育模式/141

四、高标准国际专业认证的大规模覆盖/145

第七章 结论与展望/147

第一节 中外合作办学机构的运行逻辑与组织形式/147

一、制度环境下的行动逻辑与组织同形/149

二、技术环境下的行动逻辑与组织多样化/150

第二节 组织与环境关系再讨论/152

一、中外合作办学机构的组织特性/152

二、组织与环境关系再讨论/155

第三节 中外合作办学未来展望/159

一、中外合作办学对我国高等教育的意义/159

二、中外合作办学的发展展望/161

三、可能的不足与后续研究/170

参考文献/172

附录/183

附录1 中华人民共和国中外合作办学条例/183

附录 2　中华人民共和国中外合作办学条例实施办法/195
附录 3　教育部关于当前中外合作办学若干问题的意见/206
附录 4　教育部关于进一步规范中外合作办学秩序的通知/209

致谢/213

第一章 导 论

改革开放以来,随着高等教育办学体制改革的不断推进,在经济全球化、高等教育国际化和高等教育大众化发展的共同推动下,中外合作办学是跨国高等教育在我国的主要实现形式,是我国高等教育对外开放的重要组成部分,也是来华留学生教育的主要形式。中外合作办学,是指中国高等教育机构与外国教育机构依法在中国境内在学科、专业、课程等方面合作开展的以中国公民为主要招生对象的教育教学活动。研究中外合作办学机构发展路径的意义在于,指导我们在吸引国外教育资源和坚持我国的教育主权的前提下,如何坚持公益性的原则,如何坚持高水平、有特色的原则;引导我们在尽可能使用国外的师资、团队、教材的前提下,如何吸引优质生源,如何选择适合自己的中外合作办学机构的办学模式。

第一节 中外合作办学发展历程

一、中外合作办学大事记

1978 年,党的十一届三中全会做出了实行改革开放的决策,我国中外合作办学步入了"复苏"阶段。1979—1980 年,我国政府与联合国计划开发署签订了"加强部分重点大学的人才培养和科学研究"4 个项目,这是改革开放后我国政府与国际组织之间开展的第一批中外合作办学项目。1985 年,天津财经大学与美国俄克拉何马大学合作举办中国 MBA 培训班,成为改革开放后我国高校与国外高校之间第一个高等教育合作办学项目,进行工商管理硕士教育。1986 年,南京大学与美国约翰斯·

霍普金斯大学合作创办了中美文化研究中心，举办的主要是一年学制的研究生项目，学生毕业后颁发中美文化研究中心的结业证书。

1993年2月，《中国教育改革和发展纲要》第一次提出"在国家有关法律法规的范围内进行国际合作办学"。同年6月，原国家教委发布《关于境外组织和个人来华合作办学问题的通知》，首次提出"积极慎重、以我为主、加强管理、依法办学"的原则。到1994年12月，全国共批准中外合作办学项目与组织超过70个。

1995年，原国家教委颁布《中外合作办学暂行规定》，使我国中外合作办学有了"临时性"的法律规定。1996年，国务院学位办发布《关于加强中外合作办学活动中学位授予管理的通知》，明确规定："如向学员颁授境外学位，必须按规定报国务院学位委员会核准。未经核准，合作办学项目不得授予境外学位。"1997年，国务院学位办首次对外公布中外合作办学可授予境外学位的项目清单。到2000年，国务院学位办共审批本科及以上中外合作办学项目30个，组织11个。

2003年，国务院颁布《中华人民共和国中外合作办学条例》，这是我国高等教育史上第一部关于中外合作办学的行政法规。2004年，教育部出台《中外合作办学实施办法》，发布《关于做好中外合作办学机构和项目复核工作的通知》，由教育部牵头对我国各地的中外合作办学进行整顿和复核工作，依法取消了多个非法中外合作办学项目，2004年成为我国中外合作办学的"整顿年"。

2006年，为进一步提高本科及以上中外合作办学质量，加强规范性管理，教育部出台了《关于当前中外合作办学若干问题的意见》，强调了中外合作办学的"公益性"原则。2007年教育部又出台了《关于进一步规范中外合作办学秩序的通知》，标志着我国中外合作办学进入了信息化管理时代。2009年，教育部正式启动"中外合作办学评估"工作（试行），首批对天津、辽宁、江苏、河南4个省市中外合作办学（组织9个、项目84个）开展"试评估"。

2010年，《国家中长期教育改革和发展规划纲要（2010—2020年）》将

"教育国际交流合作工程"列入未来十年10个重大工程项目之一。同年，教育部下发《省市地方对中外合作办学的监督职责》，明确地方本科中外合作办学机构或项目由教育部和省级教育行政部门"双重"监管。2011年，首批评估试点工作结束，总体评估平均合格率为65.54%，反映出本科中外合作办学存在诸多问题。

2012年，教育部正式开展对全国所有本科及以上中外合作办学机构和项目进行"教学质量合格评估"工作。2017年，全国726个本科及以上中外合作办学机构和项目"教学质量合格评估"工作结束，绝大多数达到合格水平。2015年，国务院《统筹推进世界一流大学和一流学科建设总体方案》明确提出"加强与世界一流大学和学术组织的实质性合作，将国外优质教育资源有效融合到教学科研全过程，开展高水平人才联合培养和科学联合攻关"。2018年，教育部根据评估结果以及各地实际情况，果断"叫停"5个本科及以上中外合作办学机构、229个本科及以上中外合作办学项目，"教学评估"与"退出机制"的实施，标志着我国本科及以上中外合作办学发展到"提质增效"新阶段。2019年，《中国教育现代化2035》提出要全面提升国际交流合作水平，提升中外合作办学质量。

二、近十年中外合作办学发展变化

中外合作办学发展到今天已经成为一个比较复杂的系统。它既可以通过合作举办具有独立法人资格的完整高校建制的机构方式进行，也可以通过没有独立法人资格的合作举办专业和课程的项目与机构方式进行。这样一种作为补充供给和差异供给的方式得到蓬勃发展，从开始就呈现多种形式，在发展过程中，不同地区、不同学校、不同的合作院校，有各自不同的发展模式，从而形成了相当大的规模和数量。但在我国的高等教育统计信息中，最初的统计条目中并没有专门的中外合作办学，因此最初的中外合作办学数据统计混杂在其他数据中，没有被单独地分出来。教育部中外合作办学监管工作信息平台建立以来，较为准确地反映了我国本科及以上中外合作办学机构和项目的发展变化情况，本研究所有数据来源均为教育部中外合作办学监管工作信息平台。截至2021年底,全国已有600余所高校举办中外合作办学机构和项目,数量达到2 332个,本科及以上中外合作办学机构130个,独立法人办学机构10所,覆盖了全国除西藏、宁夏、港澳台以外的29个省、自治区、直辖市。合作对象涉及近40个国家和地区,800多所外方高校,包含理学、工学、农学、医学、法学、教育学等11个学科门类200多个专业。中外合作办学机构和项目每年招生超过15万人,在校生超过60万人,其中高等教育占90%以上,毕业生超过200万人。从图1—1可知,我国本科及以上中外合作办学机构数量从2010年的25个增长到2020年的130个,增长了4倍多,本科及以上中外合作办学项目数量从2010年的210个增长到2020年的1 080个,增长了近4倍。

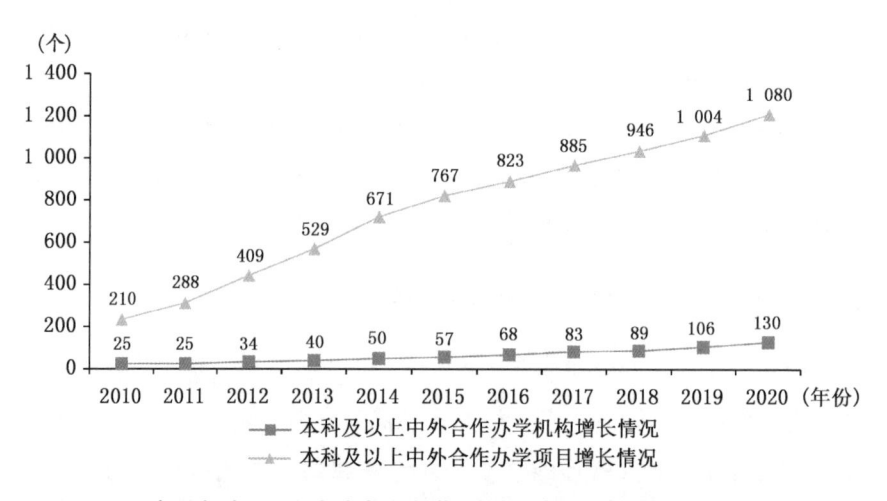

图1—1 我国本科及以上中外合作办学机构和项目增长趋势(2010—2020年)

第二节 中外合作办学发展阶段划分

一、中外合作办学发展的阶段划分

世界范围的跨境高等教育的历史,最早可以追溯到古埃及、古罗马的跨国"游教"和"游学"活动。12世纪以后,跨境高等教育的发展经历了初步形成阶段(12—19世纪末)、快速发展阶段(20世纪初—20世纪80年代)、蓬勃发展阶段(20世纪90年代至今)三个阶段(李一,2019)。

(一)初步形成阶段(12—19世纪末)

古埃及和古罗马时期的跨国"游教"和"游学"的范围还很小,真正意义的跨境高等教育是伴随着中世纪大学的出现而出现的。

12—13世纪,当时欧洲普遍信仰基督教,并使用拉丁语这一共同的教会语言,各国之间的交流变得自由与便利。基督教的大教会为扩大教会的影响力,开始为各国培养神职人员,来自不同国家的学生纷至沓来,共同聆听主教授课,这便是大学的起源,被称为Universitas(拉丁语"大学"之意)。

大学的出现打破了国与国之间的边界,不同种族和国籍的学生可以跨越国境聚集在一起学习知识和教义,这客观上促进了高等教育的国际化发展,而跨国性也成为中世纪大学的重要特点。巴黎大学在促进高等教育的跨境发展方面表现得尤为突出。13—14世纪,在巴黎大学汇聚了大量国外慕名而来的学生。早期大学受到基督教会的控制程度较深,其数量也比较有限。

16世纪上半叶,随着国家和城市的兴起,在本地设立的大学数量不断增加。本地大学数量的增加使学生不必再游学异地,学生就近入学的趋势渐增,大学的区域性色彩逐渐形成。到中世纪末,欧洲75%的学生选择就近入学。民族和国家的兴起,是造成大学地方化的另一个主要原因。

16世纪,欧洲的宗教改革和新教派的兴起,瓦解了基督教在欧洲的统治,民族国家的概念和意识逐渐形成,大学跨疆界的特性逐渐被国家间的法律所取代,本地的教派和地方势力对大学的影响力逐渐增强,跨国宗教对于大学的控制力逐渐削弱。

17—18世纪,世界地理大发现推动了国际贸易的增长,贸易交往活动的增加使各国之间的教育交流又重新活跃起来。出于宗教渗透的目的,许多殖民国家也开始纷纷在殖民地设立大学,西方列强在殖民地所创办的殖民地大学、学院、海外分校等,以及西方教会在世界各地所举办的各种类型的教会学校,均可被视为跨境高等教育机构流动的早期形式。在此阶段,学生和学者的跨境流动与跨境高等教育机构流动并行发展,不同国家和地区的学生和教师的流动,也随之增加。

这一时期跨境高等教育已经开始实现双向流动:为了获取殖民地宗主国的学位,殖民地国家的学生热衷于到欧洲宗主国的大学留学;宗主国大学的教师被选派到殖民地国家的大学去执教。

(二)快速发展阶段(20世纪初—20世纪80年代)

20世纪初到20世纪80年代,跨境高等教育得到快速发展。受两次世界大战以美苏两大阵营的政治局势的影响,跨境高等教育的政治目的性日益凸显。政治驱动成为20世纪初到20世纪80年代高等教育加快发展的重要推动力。

20世纪初至第二次世界大战(以下简称"二战")前,跨境高等教育交流以学者的流动为主,促进了不同国家和地区思想和信息的交流。为了更好地促进高等教育国际交流与合作,世界范围内出现了一系列专门的高等教育跨境合作机构,其中包括跨境高等教育国际联盟、国际学术合作委员会、国际教育研究院、国际学生联盟等,教育的国际交流与合作逐渐发展为有组织的活动。

二战后,世界形成了以美、苏为首的两大阵营,美国和苏联为了扩大各自的政治影响力,都开始大力发展教育的国际交流与合作,美、苏两国的高等教育发展政策,有力地推动和促进了世界跨境高等教育的发展。

从20世纪70年代开始,学生的跨境流动开始呈现出新的趋势。一些来自发展中国家的学生,开始倾向性地选择到发达国家学习,其主要目的是为了获得和学习这些国家和地区的办学经验与文化。在此阶段,学生到海外求学的专业领域主要集中在科学和技术方面,自20世纪80年代开始,计算机科学成为受到海外留学生青睐的专业门类。留学生对专业的选择,反映了发展中国家在新兴领域就业机会的旺盛。

20世纪70年代由石油危机引发的经济危机使得英美等国开始通过征收大量学费以增加国家财政收入。

(三)蓬勃发展阶段(20世纪90年代之后)

推动20世纪90年代跨境高等教育蓬勃发展的原因主要有三点:其一,20世纪90年代,随着冷战时期的结束,政治因素对跨境教育的影响减弱,经济因素成为影响和推动高等教育跨境合作与发展的主要动力,市场原则成为高等教育跨境服务提供与消费所依据的基本原则。其二,随着世界经济全球化进程不断加快,国际教育资本流动日益活跃,教育服务被纳入服务贸易的范围,这为高等教育资本的加速流动提供了前提,跨境高等教育服务贸易也逐渐成为各国发展经济的一个重要手段和工具。其三,全球化进程增加了跨国公司和外国的就业机会,促成了对跨境教育需求的激增,因而对跨境教育的需求不断增加。许多国家即针对这一需求积极鼓励本国高等教育机构招收付费留学生,吸引更多的国际学生在本国或本国高等教育机构在海外建立的跨境分校接受高等教育,并将此作为可靠的收入来源。

对于我国中外合作办学恢复以后的阶段划分,由于不同的研究视角,对每个阶段的起止时间和特征描述不太一致,主要有"三阶段说"和"四阶段说",其中以林金辉等(2010)为代表的国内学者提出"三阶段"的划分。

第一阶段:起步阶段(1978—1994年)。1978年后,中外交流活动逐步恢复,开始探索各种形式的中外合作办学活动。最初的合作主要是在我国政府和高校与联合国的有关组织及美国、英国、德国、法国、加拿大、澳大利亚等发达国家的教育机构之间开展。第二阶段:调整阶段(1995—2002年)。1995年,原国家教委颁布了《中外合作办学暂行规定》,充分肯定了合作办学的地位和意义,为我国合作办学提供了可以遵循的法律依据。《中外合作办学暂行规定》颁布后,中外合作办学发展迅速。第三阶段:发展阶段(2003年至今)。《中外合作办学条例》和《中外合作办学条例实施办法》的出台,使高等教育中外合作办学机构与项目的申请与审批工作走向规范化和法制化,许多新的合作办学机构与项目通过了审批,高等教育中外合作办学进入了一个新的发展阶段。

　　王志强(2019)认为新时代高等教育中外合作办学,大致经历了谨慎探索与缓慢发展、政府鼓励与规模扩张、制度完善与规范调整、质量提升与特色发展四个阶段。第一阶段:谨慎探索与缓慢发展阶段(1978—1992年)。这一时期开展中外合作办学主要靠发起者自身的探索。第二阶段:政府鼓励与规模扩张阶段(1993—2002年)。1993年《中国教育改革和发展纲要》出台中外合作办学地位确立。第三阶段:制度完善与规范调整阶段(2003—2009年)。中外合作办学在引进境外优质教育资源方面的作用和优势已经初步显现,但在招生、教学和管理等方面存在的问题也凸显出来。2003—2007年,教育部出台了《中华人民共和国中外合作办学条例》《中外合作办学实施办法》等多个文件,开展全国所有本科及以上中外合作办学"教学质量合格评估"工作。第四阶段:质量提升与特色发展阶段(2010年至今)。中外合作办学进入量质互变的螺旋式上升期,朝着外延扩展与内涵提升并重的方向发展,注重国外先进的优质教育引进,强调特色发展,不仅重视合作学校的世界排名,还强调学科与专业特色。质量评估体系中将办学模式、管理模式、国际合作、人才培养等特色作为重要观测点。

二、以组织形式演变来划分中外合作办学

　　无论是以"三阶段"还是"四阶段"划分,都是以某一方面的特征划分中外合作办学的发展过程,以国家相关政策的颁布来划分,对中外合作办学发展起到了一定的作用,但并不能够完整地反映我国中外合作办学机构的变化过程。以中外合作办学法规的颁布作为标志来划分我国高等教育中外合作办学的发展过程,仅仅反映了法规的演变过程,法规的演变并不能够等同于组织的演变过程。根据制度性的标志、组织的合法性、组织的独立性和组织特性,结合国家政策、法令的颁布和实施时间,将中外合作办学机构的演变划分为三个发展阶段(见表1—1)。

表1—1　　　　以组织形式的演变划分中外合作办学机构阶段

阶段划分	时间阶段	发展阶段	组织标志	组织合法性	组织独立性	组织特性
第一阶段	1978—1992年	探索期	项目、研究中心	依附性合法	不独立	依附性
第二阶段	1993—2002年	发展期	二级学院	半依附性合法	半独立	依附性独立性
第三阶段	2003年至今	规范期	中外合作大学	合法	独立	多样性同形性

第一阶段为中外合作办学机构探索期(1978—1992年),出现合作办学研究中心和项目处于萌芽阶段,数量较少。

第二阶段为中外合作办学机构发展期(1993—2002年),出现了具有依附性和半独立性的公办大学中外合作二级学院。1995年的《中外合作办学暂行规定》(以下简称《暂行规定》)之前共建立了延边大学科学技术学院、上海交通大学中欧国际工商学院以及上海大学悉尼工商学院3所中外合作办学机构(见表1—2),分布在吉林、上海两省市,且均属于非独立法人机构。成立于1994年的上海大学悉尼工商学院,是国内最早成立的公立中外合作商学院。这一时期共有19所中国高校与境外高校举办的中外合作办学二级学院,分布在全国9个省市,而上海、辽宁两省则占据了1/5以上的份额。

表1—2　　　　　　1995年前成立的中外合作办学机构

名　称	办学主体 中方	办学主体 外方	成立时间	独立法人
延边大学科学技术学院	延边大学	金镇庆（美国）	1992年	否
上海交通大学中欧国际工商学院	上海交通大学	欧洲管理发展基金会	1994年	否
上海大学悉尼工商学院	上海大学	悉尼科技大学（澳大利亚）	1994年	否

第三阶段为中外合作办学机构发展的规范期(2003年至今)。这个

时期中外合作办学的主要形式是项目、二级学院和独立大学并存。2003年颁布的《中华人民共和国中外合作办学条例》(以下简称《条例》),正式确认了这种新型办学模式的合法性。从 2004 年开始,国家取消了学历文凭考试的试点,发展比较好的中外合作办学项目和学院逐渐进入体制内招收专科生和本科生。2004 年,批准成立中国第一所具有法人资格独立设置的中外合作办学高校——宁波诺丁汉大学。

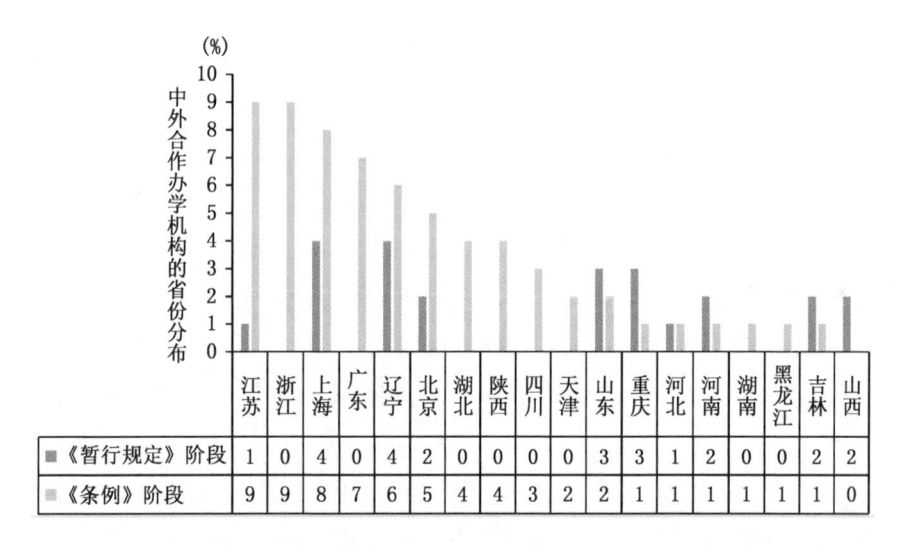

中外合作办学机构的省份分布	江苏	浙江	上海	广东	辽宁	北京	湖北	陕西	四川	天津	山东	重庆	河北	河南	湖南	黑龙江	吉林	山西
■《暂行规定》阶段	1	0	4	0	4	2	0	0	0	0	3	3	1	2	0	0	2	2
▨《条例》阶段	9	9	8	7	6	5	4	4	3	2	2	1	1	1	1	1	1	0

图 1-2 《暂行规定》阶段(1995—2002 年)和《条例》阶段(2003 年至今)
批准成立的中外合作办学机构的省份分布

从图 1-2 来看,在《暂行规定》阶段,只有 10 个省市有中外合作办学机构,数量较多的省份是:上海(4 个)、辽宁(4 个)、山东(3 个)和重庆(3 个)。在《条例》阶段,中外合作办学机构数量有了较大的增长,新成立 65 个,分散在 17 个省市,数量较多的省市有:江苏(9 个)、浙江(9 个)、上海(8 个)、广东(7 个)、辽宁(6 个)和北京(5 个)。总体来看,1986—2003 年,我国共批准中外合作办学机构 24 个;2003—2018 年,中外合作办学机构数量有较大增长。

三、以组织性质来划分中外合作办学机构

中外合作办学机构从组织性质上划分为具有法人资格的机构和不具有法人资格的机构。在《暂行规定》时期,前者又称为独立设置机构,后者又称为非独立设置机构。具有法人资格的中外合作办学机构指由中外双方共同投资,形成合作学校,具有独立、自由的法人财产,具备法定的办学条件,能够独立承担办学责任,并获得国家教育行政部门批准的中外合作办学机构。不具有独立法人资格的中外合作办学机构是指由中方大学与外方合作者共同创办的不具有法人资格的中外合作办学机构(见图1-3)。我国目前的中外合作办学机构大多数是以非独立法人形式存在的。

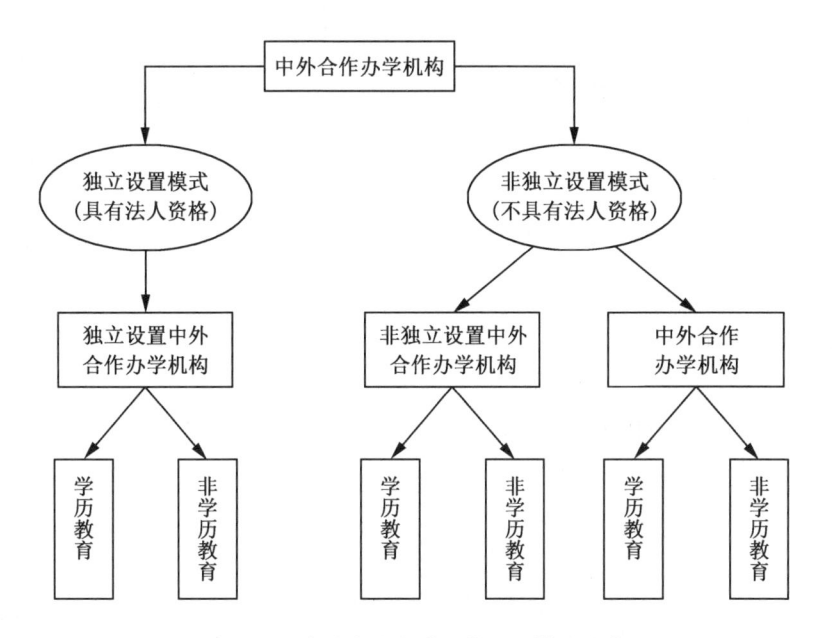

图1-3 中外合作办学机构组织模式分类

(一)非独立设置的中外合作办学机构

非独立设置的中外合作办学机构是中外合作办学机构发展的主体。非独立设置的中外合作办学机构不具有法人资格,属于高校的二级学院。

中外合作二级学院是相对于中方合作高校,即母体学校而言的,是指在母体学校领导下,由母体学校作为法人代表与国外高等教育机构共同实施的合作教育教学活动。中外合作二级学院在一定程度上可以看作是中外合作办学项目和独立机构之间的过渡形式。一方面,二级学院具有相对独立性,有相应的办学自主权,可独立招生,有独立的学制、独立的教学计划、独立的教学活动、独立的学费制度和独立的师资,有独立的财务会计机构和人员,有独立的账户,在一定额度内有权支配自己的办学经费。另一方面,二级学院对母体学校又具有较大依附性,从投资体制、管理体制到具体办学活动等方面都在很大程度上受到母体学校的制约。董事会的中方成员一般来自母体高校,除了教学管理之外,其他行政管理等均在母体学校的管理之下;学院人事由中外双方人员组成,中方管理人员和教师主要由母体学校委派;在学历教育招生方面,学院在招生政策上协同母体学校,且招生计划通常从母体学校中扣除。

(二)独立设置的中外合作办学机构

具有法人资格的机构可以被称为名副其实的高校,因其独立性和较大规模,它们代表了中外合作办学场域中最为成熟且最具有竞争力的组织形态,得到了广泛的关注。从这个意义上看,这些高校是中外合作办学的风向标,体现了作为一种独特的高校组织类型所具有的全部价值。这种办学机构具有以下特点:办学经费由中外各方共同承担,或以民办机制筹措解决;具有独立法人资格,独立进行财务核算,独立承担民事责任;具有独立校园和基本办学设施,实施相对独立的教学组织和管理;独立招生,独立颁发学历证书。截至2022年12月,全国已有7所独立设置的高等教育中外合作办学机构。它们分别是宁波诺丁汉大学、西交利物浦大学(苏州)、上海纽约大学、昆山杜克大学、温州肯恩大学、深圳北理莫斯科大学、广东以色列理工学院(汕头)。

第三节 问题的提出

一、问题的提出

中外合作办学是全球化进程中自由化运动的产物。20世纪80年代,经济领域中的自由化和全球化,教育资源的全球流动方式以援助和文化为导向转为以营利和市场为导向的教育国际化。以英国、美国和澳大利亚等为代表的国家教育资源开始在全球流动,以全球教育供给者的身份到全球布局校区。与此同时,中国早期的高等教育供给无论从数量还是从质量上远远不能满足对教育和文凭的渴望,存在巨大的教育需求缺口。1978年我国高等教育毛入学率只有1.6%,1988年只有3.7%,1998年只有9.8%。为了满足高等教育多样化和个性化需求,中国政府谨慎地把国外教育机构"嵌入"国内教育体系中,规定国外教育机构进入中国办学必须采取与国内教育机构合作办学的形式,即所谓的中外合作办学。

随着中外合作办学的产生和发展,中外合作办学开始以非公非私、亦公亦私的身份登上中国高等教育的历史舞台,可以说,自它诞生之日起,关于它的争议就没有停止过。作为没有独立法人资格的中外合作办学二级学院,有别于普通的二级学院:财务上自负盈亏,经费独立;人事上有自己单独的中方师资队伍和外籍教师队伍;组织上有单独中外合作办学董事会共同负责组织的重大决策,董事会负责人由中外方行政人员担任;教学上有单独的人才培养计划和授课方式。专家学者从不同的视角来审视这一教育现象。专家学者对这一办学模式的长短优劣,众说纷纭,莫衷一是。有人认为中外合作办学机构是一种制度创新、体制突破。也有专家指出,中外合作办学机构实行高收费,片面追求利润,"公益性原则"难以体现;重复引进学科专业,办学质量不高等。2018年7月教育部印发《关于批准部分中外合作办学机构和项目终止的通知》,依法终止234个本科及以上中外合作办学机构和项目。这种办学模式的功过是非,又重新吸引了大众的眼球,也成为高等教育研究关注的话题。

中外合作办学是伴随中国改革开放和高等教育的转型而产生的,因其适应了社会环境发展与国际化要求而快速发展。中外合作办学机构的发展和变迁充分而生动地折射出了中国高等教育的市场化转型以及高等教育的全球化趋势。"双一流"建设为高等教育中外合作办学引入国外优质的教育资源提出了新的挑战,也为高等教育中外合作办学的发展提供了新的机遇。在组织与环境关系理论的框架下,中外合作办学机构发展过程中,每个阶段的组织特性是什么?处于制度复杂性的社会转型时期的中外合作办学机构面临不断变化的环境,如何适应来自环境的压力?对于环境变化又如何做出反应并采取相应的发展策略?

二、选题意义

(一)现实意义

中国人口众多,高等教育资源十分有限,高等教育既要服务国家战略、承担重大任务,又要培养熟练使用西方语言、了解西方文化的外向型、复合型和应用型人才。高等教育中外合作办学在一定程度上满足大众对高等教育个性化和多样化的需求。在长三角地区,经济较为发达,国际交流日益频繁,高等教育中外合作办学的发展具有一定的前瞻性、代表性和典型性。本研究运用组织社会学理论对两所典型的中外合作办学机构进行个案研究,根据各个发展阶段的组织特性,探究其背后行动逻辑和发展策略,预测高等教育中外合作机构未来发展趋势,探讨其可持续性发展策略,为政府、教育主管部门和教育政策的制定提供理论支持和决策咨询,为高等教育实践者提供实际帮助和指导作用,也可为政府部门中外合作办学立法者提供政策建议。

(二)理论意义

以往的高等教育中外合作办学研究大多是在高等教育学和比较教育学框架下进行研究,或从某一个中外合作办学组织内部的运行模式或机制进行研究,讨论如何提高组织内部效率,如何改革创新等。这些研究要么采取宏大叙事研究,要么具体到实践操作层面,很少有从外部的环境关系来研究中外合作办学组织的。本书选取新制度主义社会学理论视角,把中外合作办学组织当成一个行动主体,放在一个开放系统的组织环境中去研究,从组织社会的角度去发现中外合作办学组织面对环境制约的能动性,拓宽了高等教育中外合作办学研究的理论视野,这一视角既有助于从微观层面解释组织社会行为、组织变迁,又拓宽了组织社会学的研究对象和范围。从这个意义上说,我们更需要对中外合作办学进行深层次和系统性的研究,无论是对社会学研究对象的扩大,还是对教育学的理论分析工具而言,无疑都是一个创新。

第二章 文献综述

随着经济全球化和高等教育国际化纵深发展,跨国高等教育和高等教育中外合作办学已开展了大量研究,借鉴跨国高等教育先进的办学管理经验、办学观念和管理理念,明确中国高等教育中外合作办学机构运作逻辑和发展策略,对中外合作办学可持续发展具有理论指导意义和参考价值。

第一节 跨国高等教育研究综述

教育是知识传播的桥梁,是知识形成的主要形式,是国家竞争力的重要构成。自20世纪初以来,发展中国家纷纷效仿西方国家开办新式学校,选拔优秀青年到发达国家学习。发展中国家是主要教育输入国,派遣学生出国留学。欧美国家则是主要的教育输出国,大量吸收发展中国家或地区的学生到其国内学习。20世纪末至21世纪初,欧美各国加速拓展教育输出,高等教育的国际合作形式也由传统的留学生教育发展成类型多样的跨国高等教育模式。跨国高等教育的迅速发展引起了各国专家、学者及相关国际组织的重视,并组织开展了大量研究,成果丰硕,为我们了解和研究跨国高等教育提供了研究基础和资料。

一、国外学者对跨国高等教育的研究

(一)跨国高等教育基本理论的研究

首先是关于跨国教育定义有几种界定,比较常用的有:跨国教育(transnational education)、无边界教育(borderless education)、离岸教育

(offshore higher education)、跨境教育(cross border education)等,还有一个含义更广泛的概念是"无边界教育"(borderless education)。罗宾·美德赫斯特(Robin Middlehurst,2002)把虚拟教育置于"无边界"范围中,强调全球化社会中出现多种多样的非传统教育方式,核心特征是超越各种边界——领域边界(教育和工业)、教育层次边界(进一步教育和高等教育)、国家边界、公立和私立边界、时空边界。离岸教育毕竟属于早期用法,现在正式讨论中已经基本不用,只是在一些过去的文献中仍然可见。跨境教育国际联盟将跨境教育定义为基于一国(本国)提供教育的教育组织在另一国(东道国)为学生提供教学活动,这样跨越国界的活动包括教学、人员以及教学材料。不过在大多数文献中,无边界教育、跨国教育、跨境教育大同小异,可以混用。

  教育国际化问题专家简·奈特教授(Jane Knight,2005)全面分析了无边界教育、离岸教育、跨国教育、跨境教育这些术语的异同,对跨境教育组织的类型、项目、组织的流动方式也提出了一个分类模型,对厘清有关跨国教育、高等教育国际化甚至整个教育国际流动方面的纷繁的术语颇有帮助。张宝蓉(2005)认为,在全球化的宏观大背景下,随着信息与通信技术的飞速发展、教育市场化浪潮的推进,传统高等教育的各种边界,无论是观念上的,还是制度上的,都在不断地向"无边界"过渡。西方发达国家特别是美国、英国、澳大利亚的一些学者开始提出了"无边界高等教育"的概念,用以解释国内外各种教育空间、教育形式、教育机构之间的渗透和跨越。美、英、澳等国家无边界高等教育的发展具体体现在教育机构的无边界、学生的无边界、课程的无边界等方面。王文礼和许明(2008)认为国际分校是跨国高等教育的重要类型之一,其迅猛的发展势头已经引起世界各国的广泛关注,他围绕国际分校的机构流动、办学层次、专业分布、教学模式等特点,分析了国际分校的三种主要模式,以及对输入国和输出国带来的影响。美国著名学者菲利普·G.阿特巴赫(Philip G. Altbach,2007)对大众高等教育、全球化对大学的影响、私立高等教育、研究型大学建设、高等教育国际化、学术职业等核心问题的考察,展现了高等教育在传统与转型之间的互动。

(二)跨国高等教育的办学规范、行为准则和区域性研究

国际教育组织对跨国高等教育产生的动因以及对世界高等教育的影响进行了大量的研究。联合国教科文组织(UNESCO)于2002年出版了讨论高等教育特点、市场化因素及其对全球高等教育的影响等许多有价值的研究报告。还有国际大学联合会(IAU)对跨国高等教育质量的声明,欧盟的跨国教育办学行为准则(Council of Europe),英国、澳大利亚和新西兰等国政府的规范性文件等。由英联邦大学协会(ACU)与英国大学联盟(Universities UK)合办的无边界高等教育观察会(OBHE)成为研究无边界教育的重要组织,其深度研究报告几乎包含所有跨国教育的国家和地区,涵盖了主要国际学生流动模式及趋势、国际合作及开办分校、跨国教育市场、高等教育技术及远程学习、跨国教育新提供者、质量保证及管控模式、跨国办学合同及财务模型、大学及教育公司的全球化与国际化等主题。很多发达国家的相关组织也纷纷展开了积极的调查研究,如英国的高等教育统计署(HESA)、英国质量保障署(QAA)及英国文化委员会发表的关于英国海外办学的统计报告和调查报告等。这些官方组织的研究成果大大推进了跨国高等教育的发展进程。曹庆民(2003)发表了《亚洲的跨国高等教育的市场战略:新加坡、中国香港和中国内地的实践》,日本学者Futao Huang(2006)发表了"Transnational Higher Education in Asia and the Pacific Region"论文。

(三)跨国高等教育质量保障研究

针对质量保障方面,国外学者们组织了大量定量和定性相结合的研究与分析工作。格兰特·默克伯尼和克里斯托弗·塞格拉斯(Grant Mcburnie & Christopher Ziguras,2007)从跨国高等教育的制度框架和质量保障的角度讨论了人才培养模式等问题,并提出了关于监督管理跨国高等教育办学质量的相关方法和机制,分析了目前高等教育组织的发展现状、前景及面临的困难与挑战,对运行机制、体制建设提出了建议。阿

罗斯特休和琼斯·路易斯（Arostegui & Jose Luis,2012）构建了跨国高等教育评估指标体系，并且结合实际数据构建了评估指标体系。李龙生（Lee Lung-sheng,2013）等认为跨国高等教育的评估是一个系统工程，既要结合组织自身定位、管理、教育教学资源、质量保障、社会责任来考量，又要有一系列的流程标准化管理。克劳迪娅·博尔多尼亚（Claudia M. Bordogna,2020）以中国和英国两所跨国合作办学组织为案例，为了在操作层面保障跨国高等教育质量，建议学位授予方考虑到社会结构和政策因素。

二、国内学者对跨国高等教育的研究

国内学者对跨国高等教育的研究成果较多，研究也比较早。雍正正和王晓琪（1996）发表于《清华大学教育研究》的"跨国度双校园办学开创自费留学新径"一文在国内较早使用了"跨国教育"的概念，他介绍了深圳大学与英国兰开夏中央大学从1993年开始的"2+2"电子工程学士学位课程。张秋萍和谢仁业（2002）把"跨国合作办学"定义为以本国教育组织为基点，通过在其他国家和地区设立教育分支组织，从事跨国界的直接投资、转让技术等行为的办学活动。赵丽（2005）系统阐释了跨国办学的历史与发展趋势、动因、理论、形式、保障及若干问题，概括了跨国办学发展面临的问题，从法律和政策、组织和质量保障方面阐述保障跨国办学顺利开展的措施，并对中国跨国办学发展提出了建议。栗晓红和姜凤云（2007）对跨国教育、跨国高等教育的定义进行了介绍，并对无边界教育、跨国教育、跨境教育、海外教育进行了比较。

顾建新（2008）提出了跨国教育的概念和分析框架，并利用这一框架对跨国教育主要输出国和输入国的发展历史、发展理念和策略进行比较、分析，最后提出中国发展跨国教育的对策。刘娜和许明（2005）认为，经济全球化和欧洲一体化的快速发展，欧洲各国面对竞争激烈的国际教育市场，加强了相互间的教育交流与合作，积极参与并推进教育国际化，这是欧洲跨国高等教育发展的动因。对跨国教育的研究自然离不开对全球化的叙述,郭丽君(2008)探讨了跨国教育的内涵与动因,认为全球高等教育入学需求的扩大是国家财政和公立高等教育系统难以满足社会对高等教育的需求,从而促使多样化的教育提供者和教育形式出现,是世贸组织服务贸易总协定对高等教育的影响、信息技术和网络社会多种因素合力推动的结果。王剑波(2004)博士论文《跨国高等教育理论与中国的实践》把中外合作办学看作跨国教育在中国的表现形式,将纳入跨国教育的范式进行了系统研究,提出在把握核心主权不动摇的前提下,坚持主权的发展观和相对观、坚持教育主权的可分解性和层次性,以促进中国经济建设和社会进步。冯国平(2009)的博士论文在梳理了主权、教育主权概念的基础上,分析了服务贸易总协定对教育开放的可能影响后,深入分析了主权、外部质量保证、模式、国家的宏观管理,提出应少提或不提教育主权这类涉及意识形态的概念,多关注质量保证及消费者保护之类的实际问题,探讨了跨国教育的外部质量保证机制。

从对跨国教育所进行的研究的综述可以看出,国内对跨国教育的研究无论在数量还是质量方面都处于初级阶段,这可能与"跨国教育"这一概念的正式确立时间不长有关。实际上,国内目前混用"跨国教育"和"跨境教育"这两个概念。

三、中外合作办学研究综述

伴随高等教育中外合作办学的迅速发展,国内与之相关的研究非常丰富,经过对具有代表性和影响力较大的期刊、学位论文和专著等相关"高等教育中外合作办学"内容的梳理,涉及高等教育中外合作办学理论与实践的各个层次,为本书研究提供了大量研究资料和参考信息。现有研究成果和参考文献主要集中在以下几方面:

(一)中外合作办学历史、现状、问题和对策研究

此类文献分析较多,涉及近40年以来高等教育合作办学的数量、专业、地域分布、学科专业、问题和对策研究等。耿卫华和阚先学(2015)在《我国中外合作办学发展现状及存在的问题分析》一文中统计:"从数量上

看,全国中外合作办学机构和项目由1995年的70多个发展到2014年7月的1 979个,增加了27.2倍。"郭朝红和江彦乔(2010)认为我国中外合作办学的态势一直在上升,但增速有所放慢,数量逐渐趋于平稳。谭贞和刘海峰(2019)分析了我国本科高校中外合作办学的历史、现状与展望,指出合作办学地域分布较广且呈现"东多西少、地域不均衡"态势;合作国家(地区)数量逐渐增多且呈现"发达国家较多、发展中国家较少"态势;合办专业逐渐增多且呈现"理重、文轻"态势。

(二)中外合作办学政策、法规、模式和运行机制相关研究

此类文献从经济全球化、高等教育国际化以及中国加入世界贸易组织等方面分析中外合作办学的背景,探讨了中外合作办学的发生机制、运作机制以及动力机制。张圣坤(2003)以上海交通大学的中外合作办学为案例,认为中外合作办学是"双刃剑",在带来优质教育资源的同时,也会有不利的影响,因此开展中外合作办学成功的关键在于提高内涵、树立理念、选好伙伴、用好校友。他提出了中外合作办学"请进来、走出去"的双向交流与合作,而不仅仅局限在单向的"走出去"。白莉和张纯明(2005)以沈阳工业大学为个案,介绍了沈阳工业大学合作办学的经验,认为中外合作办学的成功要素在于明确的指导思想,选择良好的合作伙伴和抓好抓实工作。周文婕(2005)将中外合作办学模式分为开放与远程教育、引进国外院校项目并设立分校区、引进优质的教育资源合作办学三种类型。政策解读有江彦桥(2005)《中外合作办学政策失真及其对策措施》、岑建君(2021)《疫情影响下的国际教育政策走向和未来发展》等。一般来说,高等教育办学模式主要由办学模式、管理模式和投资模式这三个要素构成,这是一个相互制约的体系。杨辉(2004)从当今纷繁复杂的中外合作办学现象的微观层面入手,对中外合作办学的合作模式和办学模式进行研究。龚思怡(2007)的博士论文专著《中外合作办学模式与运行机制的研究》主要从实践层面、操作层面对中外合作办学的模式及运行机制进行了研究。

（三）中外合作办学人才培育模式、课程、教学与师资建设的研究

高等教育中外合作人才培养模式的文献也比较多。裴文英(2003)认为中外合作办学在课程体系、教学模式、教学文化、师资队伍等方面具有优势，提出建立外汇税收保障体系、资金保障体系和完善资格证书体系和人才培养目标体系。钱景炜(2005)认为学校收取学费的标准必须与中国中等收入的家庭经济水平相吻合。于佳宾和王宇航(2014)分析了黑龙江省省属高校中外合作办学人才培养，提出了构建中外合作办学国际通用型人才培养模式的四条新途径。姬冠(2013)认为激发热情，改善环境，是促进中外合作办学双语教学的前提；优化教材，改革模式，是促进双语教学的基础；保障师资，改进方法，是促进双语教学的关键；政策支持，有效管理，是促进双语教学的保障。杜淑萍(2013)提出了中外合作的教学改革措施：如培养学生的英语学习自主性；运用形式多样的形成性评估；充分利用网络和多媒体技术；调整和培养学生不同的学习风格等。阎黎明(2014)认为应尽快完善中外合作办学课程设置，实现教学目标多元化；稳定师资队伍，全面提高教学质量；兼顾国际与我国国情选用教材；转变教学管理理念，建立与国际接轨的教学质量评估体系。孙智慧(2015)指出中外本科教育人才培养模式的差异，提出在学分互认的基础上，实现知识点的衔接；注重培养学生的自主学习能力、思辨能力和跨文化交际能力；推进教师交流，选择原版教材，实行双语教学；实施课程负责人制度和导师制，保障教学效果。刘扬、李晓燕、李名义和孔繁盛(2016)发现中外合作办学的学生对合作办学教学的期望很高，但是整体满意度并不乐观。

（四）中外合作办学管理和质量保障与监管体系的研究

中外合作办学过程中存在中外教师队伍建设滞后、教学管理水平不高、教学评估制度不完善等。王敏丽(2004)阐述了当前外籍教师在使用管理中存在的重"外语"，轻"外智"，盲目引进，质量堪忧的问题，呼吁提高对外籍教师作用的认识；建立严格的外教聘用程序；树立外教管理中的法治意识；探索外教管理的规律，加强外籍教师管理，从而达到加强对外籍

教师的引进和管理的目的。冯伟哲、李岩和谢金迪(2004)从风险管理的角度总结了中外合作办学的风险管理有动态性和系统性两个特点，归纳教学计划的规范设计步骤，以保证最后生成高质量的计划文件。林金辉和刘梦今(2013)提出从定位上、从学校国际化的战略高度去创新中外合作办学质量观，探索建设与国际标准相衔接的具有中国特色的中外合作办学质量保障体系，构建以审批准入机制、分类监管机制、评估认证机制、处罚退出机制为重点的四个质量保障机制。唐振福(2013)分析了政府主管部门、行业协会及境外质量保障组织的质量保障活动，提出了中外合作办学质量保障体系构建应遵循的原则。陈大立(2013)在总结部分跨境教育输入国(地区)的监管体系的经验基础上，指出我国在中外合作办学领域需要完善监管立法、严格市场准入、开展持续监管、加强信息公开。林金辉(2016)认为中外合作办学存在的问题多与中外合作办学中规模、质量、效益有关。他提出五个基本原则，即找准结合点原则、明确政策界限原则、突出发展重点原则、把握准入标准原则、允许差别化探索原则。

(五)中外合作办学风险研究

此类研究中比较有影响力的是对中外合作办学中教育主权的研究，教育主权争论的焦点主要针对如何正确认识和把握教育主权、如何处理开放和限制的关系等问题。按照世界贸易组织(WTO)服务贸易总协定的规定，凡收取学费，带有商业性质的教学活动均属于教育服务贸易范围(除了由各国政府资助的教学活动之外)。据相关研究，我国中外合作办学主权认识最为典型的问题是盲目夸大、泛化教育主权，法制监管中暴露的问题主要体现在制定的政策具有滞后性以及不匹配性，审核和评估系统的不健全性以及监管、执行的软弱性等。胡焰初(2002)认为面对中国加入WTO和中外合作办学活动的新变化，中外合作办学的立法应采取坚持教育主权原则，在立法上给中外合作办学恰当定位，提高立法层次，修改现有规章并进一步丰富其内容，完善中外合作办学的法律、法规和规章等五个建议。王剑波和薛瑞莉(2004)从国家主权的内涵及历史发展出发，总结了中外合作办学的新型教育主权观，认为应以发展和开放的视野,重新审视学位证书互认问题上的教育主权问题。高杭(2021)认为教育行政权是国家管理教育事务的日常性权利,在学校教育中它包括学校设置权、教师聘任权、招生权、学业评定权、课程设置权和教材编写权,其中学校设置权是核心权利,不可让渡,其余权利是非核心权利,可以适时适度地让渡,让渡应经得起民族心理、法律制度、让渡层次、文化保护和利益划分的逐一审视。

(六)跨文化适应性和学生学习研究

谭瑜(2014)基于跨文化适应相关理论与方法,提出构建中外合作办学"海外民族志培训模式"理论。王哲和杨东柱(2015)认为在对中外合作办学模式下,学生价值观念主要呈现为以下特点:马克思主义与实用主义并存、爱国主义和崇尚外国观念并存、集体主义与个人主义并存。王金虹(2015)通过对中欧航空工程师学院学生的思想政治状况和社会主义核心价值观教育工作开展的调研发现,建议:加强两课教学的力度和效果,注重课程体系的外延和优化;强化教师培养和管理,发挥中外方教师榜样示范力量;充分利用网络贴近学生生活,夯实思想政治教育的基础;加强中西文化比较教育,树立正确的文化理念。陈丽媛和何瑞珠(2014)通过问卷调查的方式比较了普通公办高校学生与中外合作办学信息策略、选校信息和信息来源等异同。陈亮、郑伟波和巴彦峰(2016)认为应重视中外合作办学知识获取与应用,顺畅学习过程;加强引导规范,优化外部环境;坚持以学生为中心,引导健康心理。周扬、付娆和许文娟(2016)明确指出在高校中外合作办学的过程中,必须重视学生跨文化适应能力、文化自觉能力的培养。徐晓鹏(2016)通过以河南省中外合作办学专业学生问卷数据为基础,研究发现:性别、出国学习兴趣、出国性价比、外教情况、教学方式、课堂环境和考核形式7个因素对大学生选择中外合作办学形式出国的影响显著。陈丽媛和荀渊(2020)以一所普通公办大学作为参照样本开展问卷调查发现:家庭背景对选择中外合作大学具有正向显著影响;在控制家庭背景变量后,不论海外升学期望还是就业期望,均对选择中外合作大学具有显著影响,期望在家庭背景与中外合作大学选择之间存在中介效应。

四、已有研究的不足

从已有关于跨国高等教育的研究成果来看,顾建新(2007)认为:跨国高等教育研究宏观描述多,深入研究少;实务探讨多,理论研究少;中外合作办学研究多,境外办学研究少;国内关注多,国外关注少;散论多,学术著作少。从已有高等教育中外合作办学的研究成果来看,涉及中外合作办学每一个环节,如合作办学讨论阶段、实施阶段和执行阶段。从理论上和实践中都取得了较多成果,为本书研究提供了坚实的理论基础和大量的资料与信息。总体而言,对中外合作办学现存问题的论述较为集中,但理论探讨较少。

首先,在中外合作办学的现状、问题和对策的研究方面,对中外合作办学的现存问题进行了比较集中的论述,如:中外合作办学发展不平衡,办学重复,存在办学模式单一,规模与数量不足,专业设置不均衡,与学生需求不相契合,师资配备和课程设置未发挥优势等问题,并对出现的问题提出了建议和策略。但提出的建议与策略多是泛泛而谈,针对性不强,系统性不够。

其次,就研究内容而言,重要方面还存在研究不够深入、不够充分的现象。非常有必要加强对中外合作办学如何合理引进、管理和利用国外优质高等教育资源的深入研究。如何有效地规范中外合作办学,并提升中外合作办学的水平与中外合作办学评估制度的构建等也亟待加强研究。

最后,交叉学科研究不多。对教育学领域关注得多,对其他领域关注度不够,尤其对教育制度和社会学领域关注不多。对于高等教育中外合作办学机构进行专题研究的还不多,现有的研究较为零散。

第二节　组织与环境关系研究评述

20世纪70年代以来,组织研究领域的研究范式开始从理性系统模型向自然系统模型转变,并出现了开放系统模型,组织与其外部环境相互影响、相互渗透,这种互动关系使其形成了一个开放系统。这一新的模型从组织的外部环境来理解组织,强调了环境在决定组织结构、行为和生存机会方面的重要性。这一新的研究范式形成了几个比较有影响的理论流派:资源依赖理论、种群生态理论、权变理论、新制度主义理论。这四种理论都涉及了组织与环境的关系问题,但又有各自的特点。

一、资源依赖理论

资源依赖理论是组织理论的重要理论之一,是研究组织与环境间的资源关系与相互依赖共生发展的趋势的重要理论。作为研究组织变迁活动的理论,资源依赖理论萌芽于20世纪40年代,在20世纪70年代菲佛和萨兰基克(Pfeffer & Salancik,1978)提出了资源依赖理论的核心思想:即组织的生存需要各种资源,这些资源是组织从周围环境中汲取的,因此组织需要与周围环境相互依存、相互作用才能达到生存的目的。早期的组织理论以研究组织的内部关系为主要研究方向,20世纪60年代以后,随着跨国公司不断涌现、生产日益专业化,组织与环境的关系成为组织研究的重要议题。这一时期,组织关系的研究从内部关系向外部关系研究方向转变。组织问题与环境问题联系起来的观点被称为开放系统模式,其中资源依赖理论、种群生态理论和新制度主义理论最为盛行。资源依赖理论最早用于对企业与其外部环境关系的研究,其核心主题是:组织是一种具备提供企业可持续竞争的关键,组织可以通过对某一资源的专门化积累,达到其占据这一市场主导地位的特权。资源依赖理论发展,经历了20世纪30年代塞尔兹尼克的"共同体抉择"、20世纪70年代菲佛和萨兰基克的"互依性"、20世纪80年代伯特的"结构自主性"和格拉斯科维奇的"公司行为扩散"等变化,逐渐形成模型,向人们揭示了组织对于资源的自身性选择,组织通过对资源依赖性的调整,以及对稀缺资源的把握,使自身与组织内外部环境建立起共生的发展关系。通过资源依赖理论我们可以发现,组织关系的变化取决于其对外部资源的依赖程度,组织可通过对内部要素与功能进行整合,对外与相关的组织进行互动,从而获得相关资源支持。

资源依赖理论的四个基本假设条件:第一,组织最关心的是生存,它的首要目标是生存;第二,为了生存,组织需要资源,但其自身无法生产或满足生存所需要的全部资源;第三,组织必须与它所依赖的环境中的因素进行互动,即与其他组织之间进行交换或者互动来获取资源;第四,组织的生存是建立在该组织做出自主行动战略去控制与其他组织关系的能力基础之上,组织生存能力的核心在于该组织如何做出自主行动战略去改变、控制与其他组织之间的关系。

资源依赖理论的主要观点包括:第一,组织的生存需要从周围环境中汲取资源,要依靠周围环境,与周围环境相互作用才能达到目的。第二,组织改变其所处环境的可能性较大,尽管组织受到所处形势和环境的制约,但还是有机会做自己的事情。第三,组织被认为是一个综合体,它不断改变自身的行为结构和模式去获取自身发展所必需的外部资源。资源依赖理论认为任何组织不能完全自给自足,组织生存与发展需要的各种资源,包括财政资源、物资资源以及信息资源,而这些需要通过外部环境才能获取,因此使组织不得不依赖这些资源外部提供者。同时,资源依赖理论强调组织不是被动地适应环境,而是对环境具有主动管理与控制的自主选择能力,组织可以通过改变自身和采用各种策略去适应环境。

资源依赖理论主要以探索组织内外部资源互动依赖关系为主,对内表现为组织对自身内部要素与功能的调整与有序变换,对外表现为组织与其相关的资源与其他组织的互动与控制。其中内部资源主要指组织内可直接控制的人才、资金、物资、组织管理制度等;外部资源主要指项目生存发展所需要的政府资源、企业资源和其他资源。菲佛和萨兰基克(Pfeffer & Salancik,1978)认为,环境中的一些资源对某类组织而言属于稀缺资源,对该组织的存在具有生死攸关的意义,如果失去了这些稀缺资源,组织的发展便无从谈起,出于生存的考虑,组织必须通过学习掌握一些交往和谈判的技巧,在与外部行动者的竞争中取得生存的机会。基于环境的复杂性,组织获得资源存在很多的不确定性,组织必须在探索不确定过程中不断地调整自己的行为模式,优化自身的组织结构,努力实现由组织依赖性的最小化向能够驾驭环境过渡,组织需要通过组织学习利用环境中一切有利于自己的因素,同时要尽可能多地维持与其他组织之间的平衡。如果不能维持这种平衡,环境就会对组织产生负面影响。

资源依赖理论的两个核心概念是:组织的外在限制,即组织会对外在环境中掌握重要资源的其他组织的需求做出回应;外部依赖,即组织的管理人员为了确保组织的存在与延续,尽可能地管理组织对外在环境的依赖情况,必要时可从外在的限制与约束中获得更多自由性。资源依赖理论强调从环境出发理解组织的重要性,强调组织体的生存需要从周围环境中汲取资源,需要与周围环境相互依存、相互作用才能达到目的。同时,资源依赖理论也指出,尽管组织受到所处形势和环境的制约,其改变所处环境的可能性较大。组织生存的关键是获取和维持资源的能力,组织为了生存必须依赖环境,而组织能够有效发展的原因在于组织对自身和外部资源的有效管理。

资源依赖理论的基本观点是:生存是每个组织最为关注的事;在现有社会环境中,没有任何社会组织能够做到脱离其他社会资源而生存;资源的获取要求组织必须与环境发生互动;组织的生存是建立在对其他组织或资源的控制能力之上。其基本假设为:组织是一个开放的系统,没有组织是自给的,任何组织都不可能独立地发展,所有组织都在与环境进行交换与互动,以获取资源或进行资源互置,并由此获得生存。组织控制之外的活动即为外部环境的一部分,正是这种不可控性,可将外部环境视为由多个组织组成的一个系统,同时外部环境可被认为是组织生存的资源宝库。资源依赖理论认为政治系统是环境所包含的一个子系统,而权力是政治系统中的一个关键词。如果某个组织的权力不断减弱,那么该组织将最终走向失败。基于埃默森(Emerson,1962)对权力—依赖关系的系统表述,由菲佛和萨兰基克(Pfeffer & Salancik,1978)予以发展,得出结论:交换资源必须得到均衡,否则将产生权力的分化,如果在经济领域无法通过经济手段解决权力分配矛盾,最终只能寻找政治手段加以解决。遵循这条思路,有学者提出,管理者要在管理组织结构的基础上增加权力优势,同时减低组织的依赖性。

组织在与外部环境进行资源互动的过程中,会自然形成资源依赖,但同时"资源依赖"往往与"外部控制"并存。菲佛和萨兰基克认为一个组织对另一个组织的依赖程度取决于三个重要因素:资源对于组织生存的重要性;组织内部或外部一个特定群体获得或自行裁决资源使用的程度;替代性资源的存在程度。不同的资源依赖行为给社会组织生存所带来的影响有所不同,当组织面对重要的资源而较难寻找到可控的替代资源时,对外部环境的资源依赖程度就越重,从而就越会制约组织的自主性和独立性,进而影响组织发展。组织是理性的经济人,若想获得可持续发展并改善自身内部治理结构,就要克服因资源限制而遭遇的困境,想办法减轻对外部环境的依赖,并且提高外部环境对自身的依赖,同时通过提高自身不可替代性资源及丰富自身的资源来实现。针对组织生存,菲佛和萨兰基克提出了两种策略:一是组织调整结构与过程来适应环境;二是改变环境以适应组织。组织对外部环境的依赖并非意味着自身的发展完全由环境控制,相反,环境也是不断"被塑造"的,组织能够积极主动地对环境进行管理和控制,采取不同战略缩小对外部资源的依赖和制约,并改变外部环境,以建立更为平衡的关系。针对组织扩大,安德鲁(Andrews,1971)和柴尔德(Child,1972)认为,组织管理者常常陷入企业财力不足的尴尬境地,如何通过使用政治行动来改变其环境的合法性,如何扩大战略选择的范围,在很大程度上决定了组织从外部限制中获得资源的能力。菲佛和萨兰基克(Pfeffer & Salancik,1978)进一步发展了资源依赖理论,提出了利益相关者的异质性概念,论证了利益相关者所提供的资源价值的大小与其本身的影响或控制力的大小成正比例的命题。简而言之,就是要充分发挥控制权的激励作用,优先满足关键资源提供者的利益要求。

二、种群生态理论

种群(population)是指一定时空中同种个体的组合。在自然界中一般单独个体总是以种群的形式存在,任何生物个体都难以单独生存下去,它们在一定空间内必须以一定的数量结合成群体。这是因为群体不仅是繁衍所必需的基本前提,而且使每一个个体能够更好地适应环境的变化。种群生态学是研究种群与环境之间相互关系的科学,研究的重点是种群的空间分布和数量动态的规律及其调节机制。它是研究现代生态学各层次间联结种群的纽带。种群生态学的研究目的是调控生物种群,为保护自然生态环境以及促进人类社会经济与自然环境的协调发展提供科学依据。代表人物汉南和弗里曼(Hannan & Freeman,1977)提出的命题是无自主性的种群何以在丛林法则的支配下达到生存的目的。该理论重点解释"为什么会存在多种类型的组织",同时探讨组织形式如何在长期的竞争环境压力下做出反应。

由于环境中组织之间的复杂关系,当某种资源成为一些组织稀缺资源时,这些组织资源就会出现不均衡,不确定性也在增加。这时优化自身结构就尤为重要,否则依赖性与不确定性逐渐加大,组织的生产就面临挑战,成功的组织会通过其权利最大化而达到存在和发展的目标。汉南和弗里曼努力解释组织类型的多样化问题,他们认为,长期的环境压力决定了相同行业的不同组织形式,不能适应压力大的组织会走上消亡道路,在一个特定时期创设组织会客观存续一段时间,主动追求目标上的差异决定了他们结构上的差异,由此演化了多样化的组织形式。如果全面研究某种组织整个生命周期,就能从大量的种群研究中分析一种统计上的规律性,及相似的S型的增长和衰退的经验范型。稳定性良好的组织更容易得到环境的青睐,面对变化较快的环境,一部分种群失败的概率就会增大,这些种群必须改变原来的战略,调整自己的资源路径,因此,种群与生存的关系至关重要,小生境(environmental niche)提供了种群所必需的资源。由于组织同时受到来自内部结构性惯性和外部环境约束的双重限制,它们只能保持自己的基本结构和特征。尽管部分组织主观上企图在结构上进行激进变革,但是环境终究偏爱稳定性良好的组织。

汉南和弗里曼(Hannan & Freeman,1977)解释了组织衰亡的原因,没有必要坚持认为组织在试图适应其环境时没有表现出结构的变化,因为许多组织没能根据环境的变化尽快调整其结构,指出组织的调整能力是有一定限制的,组织具有普遍的惰性,压力越大,组织调整的弹性越低,组织更加倾向于选择适当合法性的形式,进而推论,组织惰性的问题其实是在调整性和选择性之间的选择问题。惰性来自组织的内部结构安排和外部环境的约束。

种群生态理论从一个新的视角来观察和阐释组织间相互竞争、合作与发展的关系。企业之间的竞争源自企业种群种内或种间对于生态位的竞争,种间的竞争包括正向、负向和中性三种作用,具体又分为八种关系。它们分别是正相互作用的偏利、互惠、共生关系,负相互作用的竞争、捕食、寄生、偏害关系,以及中性作用关系。

坎佩尔(D. T Campbell,1969)从组织种群进化理论的角度提出,组织形态对环境的适应性决定了组织的存亡,并指出种群生态组织的进化分为三个阶段:变异、选择和存留。所谓"变异"是指组织在环境变化中对应的组织结构的创新。由企业家主导的企业内部组织结构的创新是对组织所处生态位变化所做的主动调整,这种企业内部结构调整往往是少数企业的行为,多数同行企业调整是根据这些企业的调整结果所做的模仿行为。变异是组织种群谋求生存所采用的一种积极策略。

所谓"选择"是指组织所处的生态位对采取了正确变异策略的组织进行选择。种群生态学秉承达尔文"适者生存,物竞天择"的思想,认为环境变异对组织有选择和淘汰的作用。选择了正确变异(组织结构变化)的组织,比其他组织更能适应外部环境,能够找到自己的领域或者缝隙,从而获得独占的生态位,从环境中获得生存的资源。

存留的内涵是指组织选择变异成功后对所选择的组织形式的保存、形式化或制度化。存留下来的企业为巩固生态位选择中的优势,需要将这种优势加强并巩固，因此需要对组织以形式化或制度化的方式保存。

传统的组织群进化理论从仿生学角度研究组织群体的变化发展方向，将组织的演化分为变异、选择、存留等阶段。现行理论在此基础上的发展分为三个方向：一是基于达尔文主义的视角，认为企业的进化是企业所处环境对企业的自然选择，这种观点认为企业的演化受到环境和社会的外在作用；二是基于拉马克主义的视角，认为企业的进化取决于自身的适应能力，这种观点认为企业的演化受到其他种群对目标种群的影响，组织自身特征对种群的影响，以及种群中的个体对种群的影响；三是基于企业生命周期理论视角，认为企业进化体现企业发展的渐进性质。

第一种理论发展成为基于组织生态学的组织演化理论；第二种理论发展成为基于演化经济学的组织演化理论；第三种理论就是组织生命周期理论，通过研究组织生命周期规律，探索组织进化的性质和特征。

种群生态理论具有极其深邃的内涵，该理论框架的基础是把自然生态系统的结构做了三个层面的划分，即自然生态系统结构由种群、生物群落和自然生态系统三个层次组成。种群是生物群落和自然生态系统三个层次构成中的最基本层次，因环境变化而产生的各种生物变化都会在这个层次上表现出来。了解并把握有关种群生态的基本特征和基本理论对于以生态工业园为载体，构建工业共生体，并以此为依托发展循环经济，具有非常重要的理论研究价值和现实指导意义。自然生态系统是由自养有机体（生产者）、异养有机体（消费者）、还原者（分解者）及无机环境四种要素组合而成的有机整体。在自然生态系统内，这些组成要素之间，循环地进行着物质与能量的交换传递过程。自然生态系统具有以下五方面的基本特征：物质循环和能量流动的开放性；适应外界条件变化维护系统动态平衡的自我调节性；各要素间相互联系的相关性；相对稳定性；以及产生、发展、消亡周期的演化性。

自然生态系统的生物成分，以生产者、消费者和分解者的关联关系为载体，完成物质循环和能量流动的作用过程，用种群生物学的观点来具体描述，就是环境中的有益营养物质通过绿色植物吸收进入食物链，首先进入食草动物体内,一部分营养物质被吸收转化为食草动物身上的有机化合物,最终成为食肉动物的食物;另一部分则作为排泄物回归到环境中,经微生物分解转化,重新成为绿色植物的养分。而进入食肉动物体内的营养物质,一部分被吸收转化为食肉动物身上的有机化合物,最终又成为另一类更强大食肉动物的食物;另一部分则又以排泄物的形态被排出体外,回归到自然环境中,再次被微生物分解转化后,又作为营养元素被绿色植物吸收,从而进入下一轮物质循环活动之中。这种周而复始的物质能量吸收转化的循环运动,使整个自然生态系统处于生生不息的自然存在状态。

与"物竞天择,适者生存"的自然法则相吻合,种群生态系统也会在自我调节的功能作用下,不断适应环境变化而进化。种群只有与其生存休戚相关的气候、土壤、水质、地形等周围环境条件相适应,才能得以生存发展。只有在生态系统内部生物相互关联紧密或内部共生发达,以及保持营养物质循环转化的能力提高,才具有较强的对外界干扰的抵抗力和低嫡值,处于与外界环境和谐共存的状态之中。

受种群生态理论的启发,我们可以将企业类比为种群生态系统中的个体,那么按同理推导,其同类企业形成的产业就可被视为种群,进一步推演到一定区域内的工业体系,就可自然地称其为"生物群落"。由此可见,依仿生学的原理,与自然生态系统相类比,一个合理的工业生态系统,应该是由资源开采供应者、资源加工利用者、产品消费享用者,以及废旧物料回收处理者,有机联系、构建而成的工业共生体。在工业共生体系内部,由于集约化、再利用的循环流程,一个过程产生的废物料就会成为另一个过程的原材料,从而使物质和能量以完全循环的方式闭路运行,得以充分利用,使整个企业种群由此实现资源利用最大化,废物排放最小化,经营绩效全优化。

根据自然生态系统中以生产者、消费者、分解者三者有机联系相互作用的分工机理:资源开采供应企业等同于生态系统中的生产者,处于产业链的上游位置,为下游企业提供初级原料和能源;加工制造企业相当于生态系统中的消费者,把上游企业提供的初级资源加工制造成人们生产生活所需要的产品;处于产业链下游的回收处置企业,则负责把各种废弃物和上游企业产生的副产品进行再生资源化处理,或加工转化为别的工业产品。

工业生态理论认为自然生态系统进化历程可划分为三级生态系统状态:一级生态系统状态。有机生物数量很少,而可利用的资源相对无限,前者对后者的影响微不足道。二级生态系统状态。有机生物的不断进化衍生发展,生命体之间的相互依赖、物质能量的相互交换变得极为重要,由此引起的资源环境制约影响开始凸显。三级生态系统状态。众多的有机生命体,以生物链的形态,相互间依托彼此的物质交换而循环往复、生生不息地生存。相对于自然生态系统的三级状态,人类的工业生产发展过程也可以划分为三个阶段:(1)初级工业发展阶段。围绕人类生产生活进行的手工业作坊式的低级工业经济活动,对自然生态系统的影响微乎其微,原始的自然生态系统可供利用的资源被视为取之不尽、用之不竭。(2)中级工业发展阶段。由于机械化工业生产的快速发展,使资源开采和废弃物排放的进出量明显受到资源储存量和环境生态容量的制约。(3)高级工业发展阶段。由于受自然原生态资源和环境容量承载的极限制约,以生态工业园形式为载体的新型工业化组织开始普遍推行,生态化技术创新成果被大量推广应用,所有的工业生产活动都在整个生态系统中,以众多的循环方式运行,一个过程产生的废弃物成为另一个过程的有用资源,整个人类社会的生产、生活、生存方式都处于和谐共存、永续利用的循环状态之中。

三、权变理论

权变理论作为一种学说形成于 20 世纪六七十年代西方管理学界,主要代表人物是美国著名管理学家弗雷德·卢桑斯(Fred Luthans,1973)。

权变(contingency)即随机应变,是指组织会根据外界环境和内部因素的发展变化而不断变化。该理论认为一个企业不可能一直使用某一个统一公认的且永远固定不变的方法,组织会随着外部环境的变化以及企业内部各种条件的发展而不断发展变化的。因此,企业在选择管理模式时,要随着内外部条件的发展变化和内外部情境的转变而调整,它的理论依据是系统观点。环境的发展变化是权变理论中的自变量,而组织的管理经营理念和企业生产制造的核心技术则作为理论的因变量,组织的发展变化会随着环境的变化这一自变量变化而变化,同样,控制系统和控制技术只有在符合企业组织环境的情况下才会获取最大收益。通常权变变量包括环境、企业结构和战略目标、企业组织规模、个性差异和核心技术等。权变理论从1950年初开始萌芽,到20世纪70年代已经逐渐发展成稳定成熟的管理学派。最早出现权变思想的管理类研究是伯恩斯和史托克(Burns & Stalker,1994)出版的《创新管理》。美国学者钱德勒(Chandler,1962)为了研究企业组织结构与其所处环境之间的关系,选取并研究了70家大型公司,并对它们的组织结构进行了分析,研究得出这些企业的组织结构的影响因素是多方面的,而这些因素的变化会引起企业生存的内外部环境的变化,企业组织也会随之而变化调整。具体来说就是市场、金融环境和核心技术等会导致企业战略的变化,进而导致组织结构随之调整变化。不过关于权变理论最权威的研究还是劳伦斯和洛希(Lawrence & Lorsch,1986),重点研究了影响企业活动的因素,认为影响企业组织活动和最终绩效的因素有很多,而且这些因素相互之间并非独立而是互相关联的,其中对企业活动影响力最大的就是企业所处的环境和企业自身的结构特点二者之间的依存关系。卢桑斯(Luthans,1973)再次对管理理论的种类进行了研究,他在《管理的权变理论》一书中提到了很多不同种类的管理,并且认为这些不同种类的管理理论都能纳入企业的权变理论的整体大框架中。

20世纪70年代中期,管理会计的诸多理论中引入了权变理论。研究者们发现,搜索企业使用的管理会计理论,并不能找到一个适用于所有企业的管理会计系统,一个企业要想很好地运用管理会计系统理论来帮助自己控制管理、实现绩效,就必须努力寻找最适合自己环境的子系统,这个子系统可以是适合企业自身的具有某个独特特征的子系统。亨格瑞（Horngren,2002）重点研究了管理会计系统的设计与企业影响因素之间的关系，他认为企业在设计适合自身企业特点的管理会计系统时，要想寻找到最适合自己发展的系统，就必须考虑到企业本身的组织结构，因为组织结构的设计与它是分不开的，二者是相互依存的关系。但是关于怎样才能设计出系统和组织结构相适应的联系，学者在研究中并没有具体分析。卡特勒（Cutler,2020）把权变理论中的规划和组织结构的设计全部具体化。沃特豪斯和巴巴里诺（Waterhouse & Barbarino,2022）强调了大数据时代设计管理控制系统的重要性，并将企业外部环境、内部结构和核心技术、企业规模等变量纳入权变理论框架。20世纪80年代，诸如环境、组织构架、技术等变量作为企业环境要素已基本达成共识。奥特利（Otley,1980）认为要想明确概述权变理论，必须涵盖不同情况下的会计制度中的不同问题，并依据权变理论将问题和要素进行匹配。

20世纪90年代以后，学者们在研究影响权变理论的诸如环境、制度、结构和技术等具体因素时发现了它们之间是存在联系的（Langfield-Smith,1997）。奥斯特勒和卡扎萨（Ostler & Csaszar,2017）运用公司研发的绩效模型，衡量了企业环境的复杂度。奥米里和德鲁里（Al-Omiri & Drury,2007）、舒特（Schoute,2009）和布里格纳尔（Brignall,1997）等人运用静态和分散两种方法分析了系统间不同因素相互作用的状态。一些研究者如陈霍尔（Chenhall,2003）认为企业管理者是被动参与管理会计系统最终实现企业战略目标。还有一些研究者如阿伯内西和蔡阿（Abernethy & Chua,1996）在研究管理者和参与者自身利益实现的影响因素时，会忽略权力机会主义等问题，这些研究主要是运用了资源依赖关系。

权变理论的核心是分析环境和组织的匹配问题。该理论给出的判断标准是，依照组织的内在特征与其外部环境的匹配程度，划分组织形式的好坏。该理论认定不存在最佳的组织方式，其理论依据是环境在不断变化，在某个时刻该组织与环境达到最佳匹配，但是在环境变化后，该最佳组织形式立即被新的组织形式所取代。劳伦斯（Lawrence,1993）进一步研究发现,环境的不确定性程度与组织的分化程度保持高度协调关系。组织如果处于良好状态,其分化程度和整合水平必须与环境的不确定性达到最佳匹配。伯恩斯和斯托克尔(Burns & Stalker,1969)认为环境不确定性导致了机械性和有机性这两种组织形式。卢桑斯(Luthans,1973)很好地总结了权变理论,发展出一个包含环境变量、管理技术和两者权变关系的框架。同时,面对古典管理理论和行为管理理论的"丛林",权变理论被赋予了清理"丛林"和指引道路的重任。

权变理论的中心思想是:(1)企业是整个社会体系中的一个开放性的子系统,会受到整体环境的影响,因此,必须根据企业的处境,实施相应的管理方式,以能够适应当下的环境。(2)企业活动是在持续变化中向目标发展的过程,因此,必须根据企业的近期、中期和远期目标及具备的发展条件,实施因势而变的管理方式。(3)管理的效果在企业活动中和企业的每个组成部分中互相影响和作用,因此,要根据企业的每个组成部分之间的关系及每个组成部分与企业活动间的关系来选择不同的管理方式。

权变理论(情境理论),是建立在系统理论、超Y理论和生态理论基础之上的新型管理理论。该理论的核心思想主要在于认为管理中没有适用于所有社会组织且一成不变的管理方法,它更加强调相关组织的管理模式必须因时、因地、因人而不断改变,社会组织作为一个瞬息万变的有机统一的系统,一个社会组织的职能和结构应该以组织所处的外部情境要素和内部情境要素为基础。

权变理论的核心思想认为,管理不仅仅是一门理论学科,在一定情境下,它更像是一门实际操作性非常强的技术学科;它不仅仅是一门科学,更是一门追求美学真谛的艺术,权变管理的过程中能体现出一位管理者的艺术天分。一名真正高明的组织领导者,应该就是一个"善变"的人,即随着周遭环境的变化、处境的不同而及时地变换他的领导方法、领导方式。权变理论站在科学的角度上告诉了广大组织的管理者、决策者,当你处在一个管理过程中时,你应该不断地改变自己,让自己永远不过时,通过自身的调整不断适应外界的各种变化,或者通过改变境遇,让自己处于一个自己能够很好适应的环境中去。权变理论作为一种行为指导理论，它认为既然没有所谓的最完美的方法去组织和管理企业、领导团队或者制定决策，那么就随机应变，不断改变组织的形式或者决策方式、领导风格，在某些特定环境下会取得卓尔不凡的效果。

权变理论坚持认为根本没有所谓的最好的办法去管理企业、领导团队或制定决策，任何组织的内部要素和外部环境条件都存在差异，因此在实际管理中需要随着组织当下的内外部环境和本身已有条件的发展变化而权宜应变，与时俱进，不存在适用于任何情境的管理准则，这就是权变理论，其核心概念就是指世界上没有一概而论的管理模式；权变理论展现了管理的技术性和艺术性，告诉每个管理者都需要不断调整和优化自己的理念和决策，才能适应随时可能出现的变化，让组织更好地在环境中生存与发展。

在组织与环境这两者中，权变理论认为环境是占据主导地位的，组织则居于次要、被动的地位，组织的行为是被决定的、受制约的和适应性的，组织必须适应环境的需要，组织的成功与否取决于适应的效果如何。随着理论的发展，规模、技术、地理位置、参与者的个人偏好、资源依赖、国家和文化差异、组织的生命周期等外部环境和组织内部要素都渐次作为权变因素进入权变理论家的视野。

四、新制度主义理论

新制度主义分析范式已经变成超越单一学科，遍及政治学、社会学、经济学乃至整个社会科学的分析路径，围绕为什么不同的组织会有类似的内部制度和结构这个根本问题，迈耶和罗万（Meyer & Rowan,1978）提出了一个全新的理论，托克博特和朱克尔（Tolbert & Zucker,1983）和斯科特等人的突出贡献奠定了组织社会学的新制度主义的理论基础。

新制度主义理论把研究的重心放在组织之间的同构上，努力寻求组织同构的客观要求条件，假设组织面对的只有两种不同性质的环境，即制度环境和技术环境，由此展开对组织同构的分析，发现两者在某些性质方面存在十分巨大的反差。从制度环境角度来看,组织结构必须无可争议地服从合法性的机制要求,因为只有完全服从政府颁布的各种法律条款,组织结构才有存在的前提,组织结构的优化才有调整的可能性。而与之相反的是,技术环境则要求组织结构发挥其最大的效率,按照经济学中的最大化原则来运作组织的各项生产活动。以目前社会框架系统之下运作正常的组织来看,依照统计学的大样本分析结果可以明显看出,这些正常运作的组织形式以及它们的做法在高效率的导向下,具有明显的趋同趋势,这样正好印证了迈耶(Meyer,1986)的观点,即大多数组织必须从它们的组织结构中分离出它们的内部运作,其目的是最大限度地减少制度环境给组织形式的效率运作带来的负面作用。迪马吉奥和鲍威尔(Dimaggio & Powell,1991)进一步归纳出组织趋同的三种机制:第一种是强迫机制,缘于文化的柔性约束和政府的刚性限制;第二种是模仿机制,缘于组织在面临不确定难题时,会不约而同地照搬同一领域中优秀组织在解决此类难题时所表现出来的智慧和具体做法;第三种是社会规范机制,缘于组织领域内专业网络的扩散和复杂化(见表2—1)。

表 2—1　　　　　　　　　新制度主义组织行为趋同机制

机制类型	定　义	示　例
强迫机制	组织必须遵守政府颁布的各种法律和法规	政府的规制与文化、体育方面的期待
模仿机制	各个组织模仿同一领域中成功组织的行为和做法	在面临不确定问题时,组织常采取同一组织领域中其他组织在面对类似不确定时所采用的解决方式
社会规范机制	社会规范包括共享观念、共享思维,它诱使组织采取与其一致的形式和做法	虽然美国的教育机构是分权的,但是不同地区的教育体制却十分相似

随后许多学者对上述机制进行了大量的实证分析。如沃瑟曼(Wasserman,1989)证实了网络联系对模仿机制的重要性。托克博特(Tolbert,1983)等人在实证方法上有突破,深入剖析了哪些因素导致了趋同

性变化的速度。汉（Han,1994）发现,同一制度环境每个组织都会不同程度地模仿同类组织的做法,这些组织会根据自己在制度环境所处的相对位置来选择自己最优的行为方式。此外,孔德拉和海宁斯（Kondra & Hinings,1998）还将组织分为三种类型,它们分别称作成功者、顺应者和失败者。他们的研究都为组织在制度环境的主动性研究打开了一扇新的探索之门。

总的来看,前期的新制度理论认为,组织在环境中处于从属地位的被动适应者,随着时间的推移,在制度环境的压力下组织变得越来越趋同。后期的新制度理论文献则开始关注基于组织目标的主动设计的理性过程,关注组织在制度环境中主动性的一面,认为组织在与制度环境的互动过程中共同构建了一个开放的复杂体系。

新制度主义的研究始于对教育组织的研究,迈耶（Meyer,1978）等主编的《教育的新制度主义》出版,使得新制度主义的教育组织研究在学术界占得了一席之地。研究问题主要有：

（一）教育组织变革问题

早期新制度主义教育组织研究者提出了"制度扩散"这个重要概念,进而从宏观层面考察了教育组织变革的问题。组织理论家柴尔德和基泽（Child & Kieser,1981）试图从理性的视角解释组织结构和行为在不同情境下的差异性。值得注意的是,对制度扩散有三种批判：第一种批判认为扩散模式考察的是一个既存的教育组织形式,研究具有很大的局限性,即仅仅研究了如何通过制度环境的扩散方式,忽视了制度的演化过程。埃齐翁和费拉罗（Etzion & Ferraro,2010）认为制度扩散模式的第二种批判,是针对其忽视了现实中组织所表现出来的惊人的同质性,但同时也指出,要实现教育组织的变革,就需要减少制度环境的影响,使技术环境成为学校的主流形式。这种意见趋向于将外部影响与内部变化看作一个整体来考察教育组织变革问题。第三种批判来自孔德拉和海宁斯（Kondra & Hinings,1998）,他们强调教育组织是一个能动的环境适应者,并根据适应制度的程度,区分了不同组织面临环境采取的不同策略。

国内有学者认为，纵观组织发展的历程，高校组织的变革不太明显，主要也存在着诸如行政化管理缺乏创新管理模式、主管部门管得过多等问题，这些严重的结构性冲突往往限制了中国高等教育组织变革。关于高校核心竞争力提升与维系的本质要求，国内有学者认为，要通过对高校组织的重塑、战略的规划、组织层面的有效学习和组织知识运作流程的彻底思考与运行，对高校组织的愿景、使命、宗旨、战略、流程、文化、机制、沟通渠道和结构等核心要素进行根本性的变革，从根本上提高高校组织基于不确定性和动态环境的适应能力和竞争能力。

（二）教育组织同形问题

新制度主义认为，为了获得最根本的生存权利，组织在面对复杂的环境时，会在宏观上朝着大致一个方向——正式化的结构方向发展，逐渐形成彼此相差无几的合理化制度，由此慢慢造成了几乎所有的组织同形的现象。最近十几年来出现的中国支持型社会组织就是一个很好的说明例子，政府为了加快实现社会服务中提供的社会协同的速度，急需培育数量众多的支持型社会组织，这些组织能够在许多方面减轻政府相关部门的工作压力，由于政策和中央领导反复强调发挥社会组织在社会管理中的协同作用，这些社会组织便迅速走上了一条同质化的道路，在政府的孵化器作用下，这些组织的结构步调一致地满足了一系列制度化的要求，因此它们从引进、组建到运行，都受到不同程度的政府的支持和呵护。制度理论推崇的组织同形，也被称为制度同形，在理念上认定同形是一种同质化过程，但是并不给予证明，仅仅是描述了同一环境组织之间的所谓同质化现象。尽管该理论引入了合法性的概念来细化组织同形背后的驱动力，但是理论论证体系的不够严谨还是招致了种种质疑。例如，易兰（2013）使用异质性的语言说明不同国家的文化使得人们对于教育组织形式有着截然相反的理解。姜大源（2022）等人则更尖锐地指出，早期的教育同形的制度理论解释是幼稚的，缺少对市场环境因素的考虑，片面地强调了国家、专业群体等具有强烈规则和规范压力的制度因素。

(三)松散联结问题

迈耶和罗万(Mayer & Rowan,1978)认为,学校要取得制度环境的合法性,就要去取得技术环境核心项目发展,为了缓解两者之间的矛盾,学校就会采取松散联结策略,即表明遵守制度环境,而实际上却不付诸实践。然而,强调学校的松散联结却成了其他理论批判的对象。尤其是美国学校最近开始改革,如系统改革教育管理,发展标准化课程以及加强考试等措施后,大部分研究开始质疑早期制度主义的观点。首先,一些研究者着重讨论了制度环境对于学校技术核心的影响。王鉴和刘莹(2022)研究指出,根据教学具体科目和教学活动的不同维度,强调因为课程科目、教学内容、教学方法等方面的差异,制度环境要素与学校核心技术的关联程度有所不同。

国内学者罗燕和叶斌桂(2005)用新制度主义相关理论分析了旨在去行政化的北京大学人事改革,展示中国大学制度变革过程中制度困境和利益冲突,并指出北京大学的人事改革最终以失败告终。针对中国教育产业化的问题,罗燕(2006)以新制度主义社会学为分析框架,认为国家、教育组织以及资本的参与和推动是中国教育"产业化"制度变迁的起源和变迁的主要动力。陈学军(2008)用组织社会学的相关理论分析了中国教育组织的特征,指出新制度主义对我国教育组织有一定解释力,但同时也指出新制度主义忽视微观研究,缺乏批判意识和难以操作等问题。

五、相关研究评述

中外合作办学涉及法律、政治、经济、管理等多学科问题,目前已有相关研究从法学、管理学、社会学、经济学、统计学、史学等角度来研究跨国高等教育的基本理论与实践的相关问题,分析视角较为广泛,呈现出多元化的特点。研究方法呈现量化研究和定性研究相结合的趋势。高等教育资源共享、高等学校知识共享及中外合作办学知识共享三个主题的研究中,定性研究一直占据了研究成果的大多数,量化研究比例明显偏低,但是量化研究在量化、质性两者结合研究的比例呈现逐年递增的趋势。这说明,随着中外合作办学的快速发展和研究工作的不断深入,理论研究由注重内在特质、属性和机理的研究阶段,过渡到强调状态测度、统计分析和发展规律的研究阶段,且这种趋势还将继续演进。还有许多学者或从中外合作办学法人机构、非法人机构、项目出发,或从高职高专、本科、研究生办学层次出发展开探索,然而,就中外合作办学的质量保障问题、法律问题、管理类问题涉及有限。最为重要的是,中外合作办学作为我国教育事业的组成部分,我国教育理论研究对其涉猎不多。如何让作为我国教育事业组成部分的中外合作办学真正促进我国教育改革创新是现实问题。

无论是国外对跨国高等教育的研究,还是我国对中外合作办学的研究,都取得了丰富的成果,具体表现在三个方面:一是对跨国高等教育的比较研究较多,这也是比较教育学研究的主要领域。二是对高等教育中外合作办学的国家主权、运行以及加入WTO后的应对策略的研究成为一大趋势。三是操作性非常强。对跨国高等教育和中外合作办学的现状分析、问题的产生、发展动力等在实践中碰到的问题,展开讨论和研究,但很多研究只是就表面现象进行讨论,并没有深究现象背后的深层原因,所以得出了应付的结论。

随着中国高等教育国际化,高等教育中外合作办学不仅是教育学的研究热点,也是社会学关注的焦点,尤其是作为重要社会制度的教育制度的研究,目前已取得了不少成果。但国内的研究主要从经济发展、制度约束、教育改革等因素来研究,很少有人从组织社会学的角度分析高等教育中外合作组织资源变化对组织变迁的影响,特别是我国高等教育改革的影响,更没有详细地分析中外合作办学组织所需要的环境资源。新制度主义对教育组织的改革、松散链接和组织同形问题已经关注,但过于强调制度环境限制了组织变迁,认为制度化的教育组织是消极的,缺乏主观能动性,同时新制度主义也缺乏有效的微观理论基础,缺乏有效的个体或者微观制度机制分析,只是强调了高等教育领域的制度变化引起组织变化,缺乏一个清晰的、微观层面的解释框架,缺乏足够的实证研究,也难为高校的改革提供直接的借鉴。

第三章 研究设计

第一节 研究设计

一、概念界定

(一)组织的基本概念

1. 组织(organization)

组织是理性的系统、自然的系统和开放的系统,并有着不同的含义(斯科特,2011)。根据理性系统的定义,组织是有意图的寻求达成目标的集体,是形式化程度较高的集合体。根据自然系统的定义,组织是一个集合体,参与者寻求多种利益,认识到组织作为重要资源永久存在下去的价值。本研究中组织的概念主要来自开放系统,组织是参与者之间不断变化的相互联系、相互依赖的活动体系,植根于其运行的环境之中,即依赖于与环境之间的交换,同时由环境建构。

2. 变迁(transition)

变迁是变化,包括数量的变化和结构上的变化。中外合作办学组织不断有新的组织产生,有旧的组织消亡。它从最初为自学考试服务的助考机构的合作办学项目开始,发展到公办大学二级学院,以及独立的中外合作大学,组织结构改变非常巨大。

3. 制度(institution)

制度是指"已建立的,公认具有强制性的一整套社会文化规范和行为模式"。在社会学中,制度指一个社会中各个领域的具体的社会制度,如经济制度、政治制度、教育制度等。制度并不只限于经济领域,它是在人类社会当中人们行为的准则,包括约定俗成的道德观念、法律、法规等。

4. 机构(organization)

本研究中的机构特指高等教育中外合作办学机构,即中国高等教育机构与外国高等教育机构依法在中国境内在学科、专业、课程等方面合作开展的以中国公民为主要招生对象的教育教学组织。

(二)组织特性的基本概念

1. 合法性(legality)和不合法性(illegality)

合法性在社会科学中的使用有广义和狭义之分。广义的合法性概念被用于讨论社会的秩序、规范或规范系统,涉及广泛的社会领域,比法律、政治更广的范围,并且潜含着广泛的社会适用性。狭义的合法性概念被用于理解国家的统治类型,或政治秩序。韦伯(Weber,2019)和哈贝马斯(2000)论述统治的合法性的时候,都是使用狭义的合法性概念。韦伯所谓的合法秩序是由道德、宗教、习惯、惯例和法律等构成的。那些由专门人员和机构保证人们遵从的规则是法律,而法律只是其中一种比较特殊的规则,此外的社会规则还有规章、标准、原则、典范以及价值观的社会价值或共同体所沿袭的先例。因此,合法性的基础可以是法律程序,也可以是一定的社会价值或共同体所沿袭的先例。从社会学研究来看,统治因为得到了承认,才具有合法性。

不合法性是与合法性相对应的概念,具有不合法性的组织就是没有被承认或者没有合法性的组织形式。中国高等教育组织内部发展的驱动力,使其天生具有强烈的寻求合法性的力量,在这种力量下,可能会使得某些不具备合法性的组织形式逐渐演变成具有合法性的组织形式。

2. 依附性(dependence)和独立性(independence)

依附性是指一种事物(或者一种组织)对于另外一种事物(或者另外一种组织)的依赖或从属的关系。我国高等教育中外合作办学系统本应该是一个独立的系统,但是由于历史的原因,使得其在一定的阶段不具备独立性,只能够依赖于或者从属于公办高等教育系统或民办教育系统。

独立性是表明组织不依赖于另外的组织生存。任何组织都应该是一个具备独立性的组织,当该组织能够依靠自己的资源,在环境中正常生存的时候,该组织就具备完全的独立性。高等教育中外合作办学组织的独立性表示其具备独立颁发学历,并能够独立获取资源的能力。

3. 多样性(diversity)和同形性(isomorphism)

多样性和同行性都来于生物学,多样性包括所有自然世界的资源,包括植物、动物、微生物和它们生存的生态系统。同形性是指生物体形式上的相似性,指同性或同构的性质或状态。如由不同的上代个体所产生的有机体的相似性,在组织理论中是指不同的生物体之间在结构上相一致的特性。高等教育中外合作办学组织的多样性主要是指中外合作办学系统内的组织结构、组织运行和组织成员的行为特征是多种、互不相同的。中外合作办学系统的同形性是指高等教育中外合作办学机构的组织结构、组织运行和组织成员的行为特征同形。

4. 合法性机制

新制度主义社会学认为合法性这个概念主要是强调在社会认可的机制上建立的一种权威关系。合法性机制是诱使或迫使组织采纳在外部环境中具有合法性的组织结构或做法的制度力量,即组织受到制度环境制约,追求社会承认,采取合乎情理的结果或行为(周雪光,2003)。本研究借鉴高丙中(2000)的观点,将合法性分为社会(文化)合法性、行政合法性、政治合法性和法律合法性,并认为法律合法性是整合前三种合法性的核心。中外合作办学组织的社会合法性主要指中外合作办学符合中国文化传统,符合中国政府、国外大学、中国大学的共同利益。政治合法性是指高等教育中外合作办学为党组织、政府所接受。行政合法性和法律合法性是指中外合作办学组织被行政机构和法律机构所接受。

5. 制度环境

制度环境是指一个组织所处的法律制度、文化期待、社会规范、观念制度等广为接受的社会事实(周雪光,2003)。具体到中外合作办学组织,主要包括两方面的内容:一方面是中国高等教育的社会环境,如中国宪法、法律、行政法规、中外合作办学政策法规等，这些都是以国家为主体的制度和政策，还有非正式制度，如教育部和上海市教委对中外合作办学的政策和态度，学生及家长对待中外合作办学的态度等。另一方面是国际背景，相关国际组织和合作方所在国家关于跨境办学的规定，如 WTO 等国际组织关于教育服务贸易的规定，英国、法国、美国、澳大利亚等高等教育输出国关于跨境办学的相关政策等。

6.技术环境

技术环境主要指组织对外部资源的依赖程度及与其他组织的关系等。技术环境指的是组织生产用于市场中交换的产品和服务的环境，要求组织按照最大化提高效率的原则来组织生产，提高产品服务质量和提高产量（周雪光，2003）。本研究中的技术环境指的是合作办学机构面临的外部环境，如生源、与其他公办高校、民办高校的关系，以及毕业生就业等所构成的环境。

7.组织资源

组织社会学家们认为，组织资源对于组织的发展起到至关重要的作用，这些资源包括物资、能量、信息和人员等。吉登斯（Giddens，1998）把资源定义为"使事情发生的能力"。科尔曼（Coleman，1990）认为资源是那些能够满足人们需要和利益的物品和非物品。本研究中组织资源主要有：一是资金、生源、校舍、师资，是否有单独的教学楼和宿舍等；二是体制资源，有关中国高等教育中外合作办学的政策法规；三是符号资源，如广大考生、家长、毕业生和用人单位的认同等。

8.发展策略

发展策略这一概念强调组织面对环境制约的能动性。根据菲佛和萨兰基克（Pfeffer & Salancik，1978）的观点，面对复杂环境的制约，组织一方面不得不服从环境，另一方面也采用各种战略来管理和控制环境。当环境影响力较小时，组织则会增加组织对环境的影响力，让环境适应组织；当外部环境力量强大时，组织则会改变组织目标、改善内部管理，甚至改革来适应环境。

二、研究方法

本研究在研究类型上属于质性研究方法,主要采用理论分析、文献分析、案例分析、访谈分析等方法进行研究。

(一)理论分析法

理论分析是本研究的基础,理论分析的方法主要是运用组织社会学中的种群生态学理论、新制度主义理论对高等教育中外合作办学机构制度环境问题和组织变迁进行研究的方法。种群生态学强调群体层面的组织。种群生态学研究组织同环境的关系、种群的生长与消亡、种群间的相互作用、环境的选择作用、组织与环境的关系等。在"适应"的视角下,组织种群的变异选择非常有限,因此,提出"选择"的视角。新制度主义理论为我们看待问题提供了一个新的视野,新制度主义强调一个组织必须适应环境才能够生存,要解释各种组织现象,不能只考虑技术环境,必须考虑它的制度环境,必须考虑它的法律制度和各种政策的环境。而这些制度环境和政策到底在多大程度上影响了高等教育中外合作办学的发展,这些制度环境和政策又是如何影响了高等教育中外合作办学的发展,都需要我们在理论上进行研究和探讨。

(二)访谈法

访谈法是研究者通过口头谈话的方式从被研究者那里收集(或者说建构)信息的方法,是获取第一手资料的一种研究方法。访谈法包括封闭型、开放型和半开放型三种类型。非结构式访问法是根据研究设计制定大致的访谈提纲对受访者进行访问,在轻松的"聊天"氛围中通过面对面的交流获取一手资料的方法。通过非结构式访问可以了解到受访者的价值观念、情感感受、行为规范,了解受访者过去的生活经历以及他们所知道的事件及对事件意义的解释,为研究对象提供一个比较开阔、整体性的视野,多维度、深入细致地描述事件的过程,为研究提供指导。这有利于研究者和受访者建立熟悉、信任的人际关系,可以使受访者感到自信,从而有可能影响到对自身文化的解释和建构。特定的访谈者能说明并且解释人们所做的事情,见多识广的受访者还可以为特定情境提供一些重要的见解。

(三) 文献法

通过系统地收集国内外中外合作办学研究的文献资料,进行内容分析和比较分析。主要收集中国政府法规与政策文件、相关学术研究著作与文章、中外合作办学机构的文档资料、新闻报道材料等文献。文献资料分为两大类:一类是在研究期间获取的大量一手材料,另一类则是国内外近年来公开出版和发表的相关论文和著作。

(四) 案例法

选取两所高等教育中外合作办学机构作为研究案例,通过参加中外合作办学机构的活动,观察中外合作办学机构组织内部运作,通过对决策组织的董事会、课程引进、年度复核和中外合作办学许可证申办等具体运作方式和互动模式的观察,收集大量第一手资料,并结合已有研究成果和文献资料,对这几个案例采取"解剖麻雀"的形式来分析高等教育中外合作办学机构面对不同制度环境和技术环境的运作逻辑和发展策略。

(五) 观察法

通过参加 S 大学 S 学院和 X 大学的一些活动,观察组织内部运作、董事会、课程引进、每一年度复核和中外合作办学许可证申办等具体运作方式和互动模式。

三、资料收集

通过上述五种研究方法,主要资料收集如下:

(1) 研究专著和工作报告。此类资料主要包括年度工作报告,研究著作,重要的活动纪要、会议,组织负责人在新闻采访中的重要谈话,政府的会议和文件中有关中外合作办学发展的政策导向,教育部和上海市教委等关于高等教育中外合作管理和参与的政策文件等。

（2）期刊论文和英文网站。此类资料主要选自国内外关于跨国高等教育研究的书籍、期刊文章和英文网站。

（3）新闻报道和专家评论。通过国内的一些重要网站，如教育部、教育部中外合作办学监管网、上海市教委的中外合作办学网站、新浪网等，收集大量中外合作办学的新闻报道和评论，挖掘中外合作发展历程中的大事记、颁布的重要法规等。

第二节　研究框架

著名社会学家彼得·布劳（2006）在其专著《正规组织：一种比较方法》中指出"理论是科学研究的结果，也是科学研究的起点。一方面所有科研努力的目标都是形成一套整体理论；另一方面，科学研究必须有一个理论框架来指导"。这里的理论主要指用于指导经验探索的中层理论。系统的一般理论远离特定的社会行为、社会组织和社会变迁，不能解释我们观察到的现象；而它对于特定事件的详尽而系统的描述又缺乏整体的概括性，中层理论则介于两者之间。中层理论则是一个既能获得社会学理论的解释力、社会学知识的普适度，又能保持对比较直接的问题、地方性问题的解释力的理论。因此，本研究选择从中观层面组织理论视角进行研究，将中外合作办学机构看作行动主体，考察它是如何生存发展的，面对复杂环境采取了哪些发展策略。

一、理论渊源

（一）组织研究的三种视角

1. 作为理性系统的组织

理性系统理论的主要代表流派有：泰勒的科学管理、法约尔及其他人的行政管理理论、韦伯的科层制理论以及西蒙的管理行为理论。从理性系统的视角看，组织是一种为了完成特定目标而设计的工具。工具的好坏取决于结构理性概念，包含许多因素。理性是指其狭义上的技术或功能理性,理性是指为了最有效地达成预定目标而以某种方式组织起来的一系列行为逻辑。从更广泛的意义上讲,理性存在于结构本身,而不是存在于个体参与者中。理性存在于规范中,规范确保了参与者的行为与达成既定目标的关联;理性存在于控制机制中,理性对行为进行评估并探测差异;理性存在于报偿体系中,报偿体系激发参与者去完成既定目标;理性还存在于一系列标准中,通过这些标准来选择、替换和提升参与者。然而,由于过分关注组织的规范结构,理性系统的分析家们实际上忽略了组织的行为结构。

2. 作为自然系统的组织

自然系统理论视角认为组织从本质上看是力图在特定环境中适应并生存下来的社会团体。在许多情况下,组织不断地修改着自己的目标,以进行更为良好的调整。如果组织处于存亡攸关的时候,就会为了保存自身而放弃对既定目标的追求。自然系统的理论家强调,在组织结构中,还有比既定规章、职位界定和参与者行为规范更为重要的东西。个体参与者投入的是他们的智慧和情感;他们加入组织时带着个人的观念、抱负和计划,他们带来了不同的价值观、兴趣和能力。从相互作用来看,所有这些因素创造了一个相对稳定的非正式结构。自然系统的最重要的组织观就是,组织的社会结构并不只是正式结构加上个体参与者的独特信仰和行为,而是包含了正式的和非正式的结构,因为非正式生活本身就是有序地建构起来的。特定的组织目标通常被另一些目标特别是生存目标所破坏或扭转,而且理性系统的理论家重视的正式的组织结构被"真正"的非正式结构所摒弃。

3. 作为开放系统的组织

开放系统视角的起源可以追溯到更早以前,但其出现还是在二战之后的思想骚动中。组织结构的开放系统视角强调了个体因素的复杂性和多变性及其相互之间联系的松散性。个体要素被看成是半自主行为的主体,个体要素与其他要素之间的联系是松散的。开放系统并不只是使组织结构特征的一致性变得松散,还将其注意力从结构转向了过程。无论是在抽象层次上,还是在具体层次上,强调的都是组织行动而不是组织。组织与环境的相互依赖关系在开放系统视角中受到了应有的重视。开放系统视角强调组织与周围及渗透到组织的要素之间的联系的交互纽带,而不是像早期的理性和自然系统那样忽视环境因素,也不像早期的理论那样将环境视为异己或敌对者。

(二)组织社会学中的组织与环境观

1. 权变理论学派

权变理论(contingency theory)认为,组织的最佳结构取决于一个组织的具体环境条件、技术、目标和规模等。每个组织因为环境不同、技术不同、规模不同而异。不存在最佳的组织方式,任何组织方式之间都不等效,最好的组织方式有赖于组织环境的特质,权变理论有一个一般的倾向性假设,即一旦组织的内在特征与其环境要求达到最佳匹配,那么组织就能更好地适应环境。考虑到组织所处市场的竞争性,适应性需要组织的有效运作。在组织与环境这两者中,权变理论认为环境是占据主导地位的,组织则居于次要、被动的地位,组织的行为是被决定的、受制约的和适应性的,组织必须适应环境的需要,组织的成功与否取决于适应的效果如何(费显政,2006)。

2. 种群生态学派

种群生态学派(population ecology approach)致力于探讨组织种群(population)的创造、成长及消亡的过程及其与环境转变的关系,重点解释"为什么会存在多种类型的组",同时探讨相同行业内的不同组织形式如何在长期的竞争环境压力下做出反应。在种群生态学派看来,适者生存是最高法则,环境是组织的最终检验者,一切遵循着变异—选择—保留模式优胜劣汰(费显政,2006)。组织一方面具有很强的结构惯性,另一方面存在偏好高绩效信度和高责任水平组织的种群选择机制。高绩效信度和高责任水平的组织要求组织结构有较强的可重复性,而组织惯性压力则是导致组织结构高度可重复性的重要原因,因此可以把组织惯性视为环境选择机制发生作用的结果。

3. 资源依赖学派

资源依赖理论对组织的分析主要分为两个过程:第一个过程首先确定组织的需要及需要的来源。第二个过程是寻求这种关键资源的获得途径。首先,组织是一个开放的系统,任何组织不可能持有赖以生存和发展所需要的全部资源,实现自我供给下的生存和发展,大量攸关组织生存的稀缺和珍贵的资源都包含于组织的外部环境中,所以组织在某种程度上依赖外部环境。其次,由于组织必须与那些控制资源的外部行动者进行互动交往,即组织依赖于环境,那些控制者就获得了相对于本组织的权力,组织的生存能力在很大程度上取决于组织与外部环境(控制者)交往和谈判的能力。最后,面对环境的约束,组织也在主动地对环境进行管理和控制,组织采取了各种各样的战略行动以减少其对外部环境的依赖和来自外部环境的制约。

4. 新制度主义学派

新制度主义提出组织面对着技术环境和制度环境两种不同的环境(田凯,2004)。所谓"技术环境",是指组织生产用于市场中交换的产品和服务的环境,强调组织的理性成分,关注环境的技术特征,要求组织必须追求效率。制度环境指的是组织为了获得合法性和支持而必须遵守的规则和必要条件。在组织与环境的关系中,组织相对处于从属地位,不得不屈服于外部制度环境。随着研究的深入,同一制度环境对于不同组织的作用并非相同。组织所选择的制度环境因组织地位而异(Han & Shinkap,1994)。

组织对制度环境的适应与控制,出于生存的需要,组织不仅要为争夺资源和顾客而展开竞争,还必须为争取政治权力和制度合法性而展开角逐。组织一方面会适应制度环境的要求,另一方面也试图改变和控制制度环境,针对不同的制度环境,组织会采取不同的战略模式。

技术环境与制度环境之间的冲突与互动。首先,制度环境与技术效率并非毫无关系。事实上,很多制度环境要素在最初出现时,都有着很强的技术效率考量,只是在随后的演变和普及过程中强化为形式和规范及渐渐地与效率脱钩的制度环境要素。其次,技术环境要素也往往是建立在制度环境基础之上的。

组织和制度环境之间的互动。制度环境的变迁机制,在与组织的互动过程中,制度环境本身也经历着演化和变迁。孔德拉和海宁斯(Kondra & Hinings,1998)的研究以组织的经营绩效作为中间变量,构建了制度环境变迁的分析框架。以组织对制度环境的适应为横轴,以组织的经营绩效是否达到环境平均水平为纵轴,可以区分四种不同的组织群体(见表3—1)。

表3—1　　　　四种不同的组织群体对制度环境的适应性

绩效指标	组织对制度环境的适应	经营者类型	管理者类型
组织经营绩效是否达到环境平均水平	绩效高于环境平均水平	成功叛逆者	环境营造者
	绩效等于环境平均水平	同等绩效者	环境顺应者
	绩效低于环境平均水平	失败者	环境淘汰者

二、分析视角

在权变理论看来,环境是占据主导地位的,组织是居于次要被动地位的,组织的行为是被决定的、受制约的和适应性的,组织必须适应环境的需要,组织成功与否取决于适应情况如何。然而,被动的适应环境并不能解释中外合作办学机构是如何主动地采取策略实现自身的生存和发展。种群生态学强调的是组织的群体性研究,而非组织个体本身,解释为什么会存在那么多类型的组织。资源依赖理论使人们认识到组织可采用多种战略改变自己以适应环境,但仅仅从资源的单一角度分析复杂的组织行为缺乏充分的解释力。新制度主义既关注组织的制度环境,也关注组织的技术环境,同时关心组织面对外部环境时所采取的发展策略,而不是被动地适应环境。因此,新制度主义为本研究提供了很好的理论视角,以此来分析中国高等教育转型时期中外合作办学机构所面临的制度环境、技术环境、行动逻辑及其背后深层次的原因。

新制度主义除了强调组织的适应制度环境外,还强调出于生存的需要,组织不仅要为争夺资源和顾客而展开竞争,还必须为争取政治权力和制度合法性而展开角逐。奥利弗(Oliver,2011)指出,面对制度环境的要求,组织可采取顺从策略、妥协策略、回避策略、抗拒策略和操纵策略。从制度环境因素来看,制度环境对提高组织技术效率作用越大,或环境的合法性要求越高,组织就越容易采取被动战略。如果合法性要求程度较低,组织往往遵守有形的规则要求;合法性要求程度居中者,组织被组织外部制度环境所塑造,趋向于模仿常规的制度模式(见表3—2)。

表3—2　　　　　　　　　　组织的顺从策略选择

合法性要求程度	战术类型	选择被动策略的动机	举　例
较高	适应	较强	追寻无形的公认规范
适中	模仿	一般	模仿常规的制度模式
较低	顺从	较弱	遵守有形的规则要求

组织不可能脱离一个竞争者的社会环境而生存,对环境依赖程度较高的组织其战略选择的灵活性、自主性也会相应受到较高影响。所谓对相关者的依赖程度的要求,是指该组织需依靠别的组织且不能独立存在的环境要求。对相关者的依赖程度较低的组织,趋向于与利益相关者进行讨价还价;对相关者的依赖程度较高的组织,则安抚和满足不同制度要素;居于两者之间的组织,只能尽量平衡不同参与组织的期望(见表3—3)。

表3—3　　　　　　　　　　组织的妥协策略选择

对相关者的依赖程度	战术类型	选择被动策略的动机	举　例
较高	平衡	较强	安抚和满足不同制度要素
适中	安抚	一般	平衡不同参与群体的期望
较低	讨价	较弱	与利益相关者讨价还价

如目标的一致性程度较低,组织将会优先选择回避战术类型,有意识地改变目标和无所作为;如目标的一致性程度较高,组织将会把隐藏战术

类型作为首选,趋向于掩饰现有组织与制度环境的分歧(见表3—4)。

表3—4　　　　　　　　　　组织的回避策略选择

目标的一致性程度	战术类型	选择被动策略的动机	举　例
较高	隐藏	较强	掩饰现有组织与制度环境的分歧
适中	缓冲	一般	降低组织与环境之间的联系程度
较低	回避	较弱	有意识地改变目标和无所作为

从选择主动策略动机的角度来看,环境不确定性实际上为潜在的优秀组织提供了选择主动策略极大的余地和可能性。从制度环境的作用情境看,组织所处的环境不确定性越低,组织就越倾向于采取主动策略(见表3—5)。

表3—5　　　　　　　　　　组织的抗拒策略选择

环境不确定性	战术类型	选择主动策略的动机	举　例
较高	不理会	较弱	忽视明确的标准和规范
适中	挑战	一般	挑战现有规则和要求
较低	进攻	较强	对压力来源进行主动进攻

规范性制度的支持力度对组织选择最佳的战术类型意义重大。从制度环境的控制和保障机制来看,如果制度环境的要求能获得强制手段或规范性制度的支持,那么组织反而更可能放弃主动策略(见表3—6)。

表3—6　　　　　　　　　　组织的操纵策略选择

规范性制度支持度	战术类型	选择主动策略动机	举　例
较高	控制	较弱	主导制度环境的形成过程
适中	影响	一般	制定和形成制度环境标准
较低	指派	较强	引入有影响力的参与群体

组织在不同环境和多重压力下开展活动。组织既要适应制度环境的要求,又要追求技术环境的适应。中外合作办学机构所面临的技术环境

是指在办学过程中所面临的环境,即办学过程中与其他中外合作办学项目甚至是非中外合作办学产生变化所构成的环境。中外合作办学机构在追求组织技术目标的过程中,必然时刻面临技术环境变化给组织存在发展带来的压力。组织既要面临制度环境,也要面临技术环境,这要求组织要有效率,即按照最大化原则组织生产,采取主动改变环境的策略。中外合作办学机构能否被家长、学生和用人单位接受认可,是不得不面临的问题。面临复杂的技术环境变化的时候,要想生存和发展不受制于外在因素的变化,只能选择发展自己的办学项目,不断提高办学质量,培养受社会欢迎的人才,这才是生存的长久之计。因此,中外合作办学机构须采取积极主动的发展策略设计,开发多种适应技术环境的办学项目,努力提高办学效率。

三、研究思路

以新制度主义理论为指导,将中外合作办学机构看作组织环境中的一个主体,一方面,面对合法性机制起着主导作用的制度环境,组织以何种策略来实行自身的生存和发展,另一方面,面临效率机制为主的技术环境,面临市场竞争的巨大压力,中外合作办学机构如何创新组织形式,维持组织发展和壮大,本书通过对制度环境和技术环境下组织的不同运作逻辑和不同的发展策略的动态过程分析,力图揭示出中外合作办学机构的发展路径和未来发展方向。最后就组织与环境关系再讨论,归纳出在中国社会转型和高等教育转型环境下中外合作办学机构的组织特性以及对于中国高等教育制度的意义。

四、研究框架

在组织研究领域中关于组织与环境关系理论的框架下,从新制度主义理论中制度逻辑起点出发,试图通过考察中外合作办学机构在复杂环境下的发展策略,来挖掘其运作逻辑产生背后的深层次根源。本书借鉴新制度主义社会学理论"环境与发展策略"框架进行分析,主要包括以下几个层面：

首先，强制性机制是指制约、规制和调节组织结构与行为的制度逻辑。强制性机制是由国家逻辑与市场逻辑构成的。在强制性逻辑中，国家权力逻辑居于主导地位。无论是在社会管理，还是社会资源的掌控方面，国家仍然有相当强的控制力。也就是说，国家不仅在形式上管控社会，而且在实践中掌控着社会资源的吸取和分配。除此之外，政府还拥有一种"结构性权力"，是指不直接干预的情况下，影响其他组织的权力。具体而言，强制性制度的逻辑强调国家关于组织的成立与获得"合法"地位的制度安排及其实施状况。除国家逻辑外，由于社会转型、高等教育改革、高等教育市场化的影响，市场化的逻辑也构成了强制性机制显而易见的组成部分，这体现在技术环境下的"优胜劣汰，适者生存"的法则和机制。

其次，规范性机制是指那些强调评价、义务层面的规则社会对组织的影响，典型代表为基本的社会道德或规范、基本规范、准则。这里包括组织的价值观和规范，所谓的价值观，就是行动者所偏好的观念或所需要的、有价值的观念，以及用来比较和评价现存结构或行为的各种标准。具体来讲是指高等教育的中外合作办学机构作为大学的行业标准和社会责任等。

再次，文化认知性中模仿机制对中外合作办学机构的影响应该引起重视。模仿机制强调文化认知下信念系统制约行动主体的活动，尤其是中外合作办学机构成立之初，模仿机制起着重要的作用。新制度理论强调组织的制度环境对组织的形塑作用，在中国社会转型期，更要关心组织的技术环境，组织为了生存不是被动地适应环境，而是积极采取各种策略来处理环境与组织的关系。这一理论为更好地理解组织与环境的关系，理解组织面对环境压力时所采取的发展策略提供了有益的启发（见图3—1）。

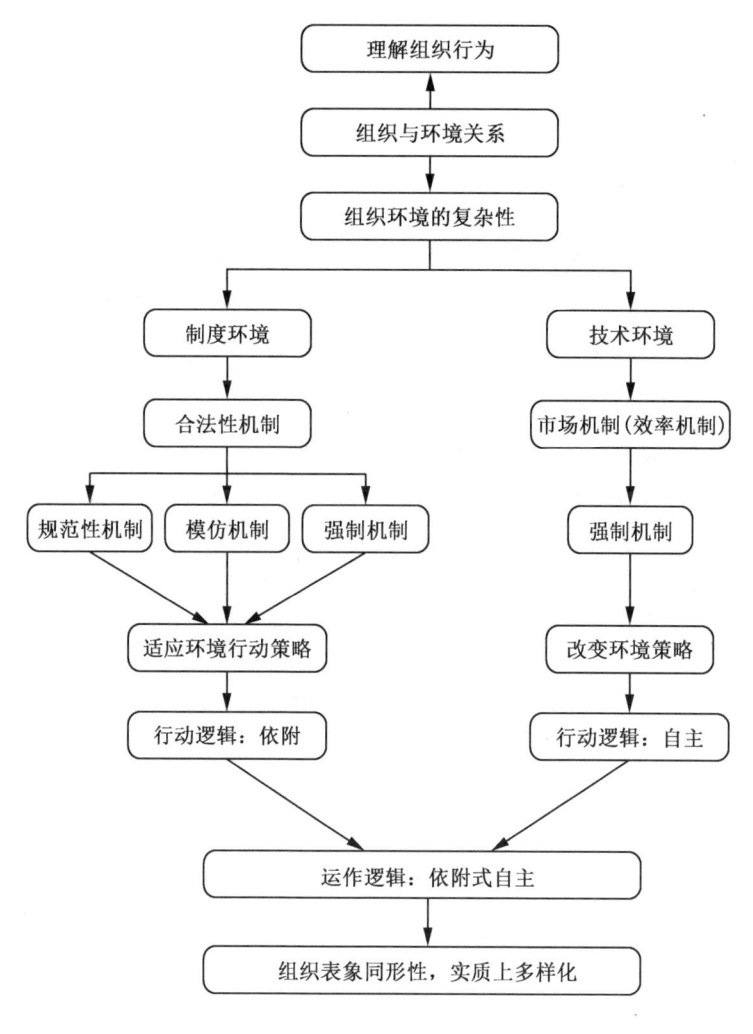

图 3—1 分析框架图

五、篇章安排

第一章导论。主要回顾中国高等教育中外合作办学的发展历程,以组织形式的演变重新划分高等教育中外合作办学阶段,描述中外合作办学机构的发展现状,提出研究问题、实践意义和创新点。

第二章文献综述。梳理国内外跨国高等教育和中国中外合作办学研究现状，阐述组织社会学理论中组织与环境观点，着重讨论新制度主义社会学对教育组织的研究。

第三章研究设计。阐述概念界定、研究方法、分析框架、研究思路，收集资料、选择案例，作为研究对象，并介绍章节安排。

第四章中外合作办学机构面临的环境。以新制度社会学理论为指导，将中外合作办学机构看作一个开放的系统，阐述它所产生的宏观背景，以及它所面临的外部环境，其中，外部环境划分为制度环境和技术环境，并呈现出面对错综复杂的外部环境，中外合作办学机构对外部环境的关注、理解和自我解释的过程。

第五章中外合作办学学院的发展策略。以S大学S学院为案例，面对错综复杂的制度环境，具体分析S大学S学院在制度环境和技术环境下采取了哪些发展策略。

第六章中外合作办学大学的发展策略。以X大学为案例，面对错综复杂的环境，具体分析组织在制度环境和技术环境下采取了哪些发展策略。

第七章结论与展望。在分析高等教育中外合作办学机构运行逻辑与特征的基础上，对组织与环境关系再讨论，讨论了新制度主义在中国转型时期的解释力度，中外合作办学机构对于中国高等教育制度的意义，作为国际化新形态的机构的未来发展，以及对其进一步研究的可能。

第四章 中外合作办学机构面临的环境

第一节 中外合作办学的制度环境

一、中外合作办学的宏观背景

(一)西方新公共管理改革

全球化是20世纪80年代以来,经济结构由工业化生产模式转型为以知识和科技为主体的经济模式。全球化成为当今时代的基本特征,成为世界范围日益凸显的新现象,是当今世界经济发展的主要趋势。1979年英国保守党领袖撒切尔夫人上台,开始着手公共领域的改革,兴起了一场风靡全球的、声势浩大的新公共管理运动,高等教育机构作为公共部门之一,首先迎来了这一变革。在新公共管理私有化、法人化、放松管制等思潮下,公共部门开始出现了变化,西方各国政府都先后对原来由国家提供公共服务(包括高等教育)进行种种偏向市场的改造,提出了高等教育改革措施,借此提升本地大学生的全球性能力。世界性高等教育市场化主要体现在国家对高等教育经费投入减少,个人、家庭和其他社会组织投入增加,公司企业加入高等教育的办学活动中来,私立高等教育成为高等教育的一个组成部分。

欧美各国及东亚各地政府逐渐改变其对高等教育的管治模式,即由以往政府主导的模式,转向政府监督的模式,政府赋予高等教育组织更大的自主权,并同时引进市场机制,让竞争引导高等教育的发展,以求增强高校的效率、效能和效益。相比于政府体制,市场体制将会给高等教育带来更多活力,所以必须将市场化机制引入高等教育领域,通过市场机制的激烈竞争来提高高等教育的效率和效能,建立类似于市场经济优胜劣汰特点的制度。高等教育市场化取向已经成为各国高等教育改革的一种普遍选择和现实策略,高等教育从集中与行政化逐渐演变为分散和市场化,高等教育私有化和市场竞争机制已经是欧美国家高等教育改革政策的趋势和主要潮流,成为解决高等教育、市场和政府关系的一把钥匙。

在全球新自由主义、新公共管理主义思潮以及经济全球化等共同影响下,英国、澳大利亚、美国等不约而同地引入了市场机制,重建了共同教育体系。高校成为在高等教育市场中竞争以求得生存和发展的企业式组织,除了竞争国内有限教育资源外,还努力拓展国外教育资源,其中最主要的两项是留学生高额收费和通过各种跨国教育形式获取资金,这些统称为教育出口。英国高校开始了高等教育市场化改革,既对本国学生收取价格不菲的学费,同时在海外也创办分校和特许管理的学校。澳大利亚是最早开始高等教育市场化的西方国家,国际留学生的学费及其他开支成为其经济发展的重要来源。美国面临本土生源较少的现状,有些州已将公立学校承包给私营的教育公司管理。2012年瑞典开始对国际留学生收取学费,以弥补瑞典政府对高等教育财政投入的不足,同时瑞典高校还积极开拓国际留学生市场,高等教育已成为一种市场行为。伯顿·克拉克(Burton Clark,1983)根据高等教育与市场及国家的关系提出了"高等教育协调三角"模式(见图4—1)。

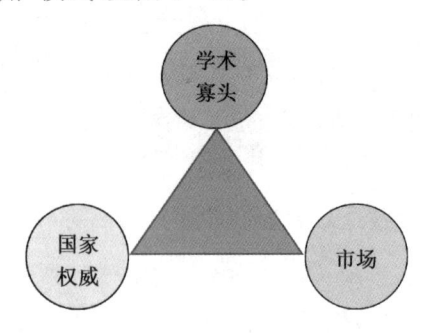

资料来源:Burton Clark,*The Higher Education System Berkeley*,University of California Press,1983,p. 143.

图 4—1　高等教育协调三角示意图

如图 4—1 所示的"三角关系",国家权威代表国家和社会的集体意志;学术寡头代表由资深教授和学者所组成的学校,其影响力来自其专业的权威;市场是"消费者"的意愿,比如学生和招生就业单位等。不同国家的高等教育体系在这三角中各有所不同,如中国、苏联偏向国家权威;意大利偏向学校;美国偏向市场。不同国家的高等教育发展有各自的偏向,伯顿·克拉克(Burton Clark,1983)指出,如大部分(甚至全部)高等教育的经费都由国家提供,国家对高等教育的控制便会加大。中国高等教育体制改革也向纵深发展,中国政府进行了管理模式变革,提倡"一定程度的市场化",权力下放并赋予"自主性"。随着中国高等教育 1999 年扩招,国家已难以完全承担所有财政开支,社会力量和市场力量不断注入高等教育领域,不再是高等教育唯一的供给者,由此形成"三角关系"的重整和再定位,除了以三角模式呈现国家、市场、高等教育的互动关系外,还要加入全球化的因素,以表示全球化对国家、市场和高等教育无处不在的影响。

1. 英国高等教育输出

表 4—1　　　　　　　　英国跨国教育相关文件

年　份	文　件
1987	《负责任的招生》
1995	《教育机构和海外学生行为规范》
1992	《海外学生的高等学位管理》
1995	《英国国际学生:CVCP 行为规范》
1995	《高等教育中海外联合提供的行为规范》

从表 4—1 中罗列的英国跨国教育相关文件可以看出,在 1980 年以前,英国大学 90% 以上的经费由政府提供。新公共管理改革开始削减各种层次的公共经费,包括教育经费,同时废除对国外留学生的补助,并对除欧盟国家学生之外的所有留学生收取全额成本学费。英国政府和高校积极发展跨国办学,与境外教育机构在境外合作办学,主要有两种教学模

式:第一种为在境外实施教学的全过程;第二种培养模式分为两个阶段,前一个阶段在境外读,后一个阶段在英国读。学业结束后学生可以拿英国大学的学位。为了保证英国高等教育的国际声誉,英国政府出台了一系列政策,规范国际高等教育市场上的高校营销行为。

2. 美国高等教育输出

美国高等教育国际化从发展方向上来看大致分为输入期和输出期,输入期是从殖民地时期到19世纪末,进入20世纪,高等教育国际化的方式从输入转向了输出,美国的文化、理念、意识形态借助于高等教育国际化的方式向外扩展,成为提升美国国家软实力的有效手段。

在二战后至20世纪末这一战略发展期中,突出的特征是政府的主导性,政府在美国高等教育国际化中发挥着决策、控制、引导、支持的关键作用,成为美国高等教育国际化战略发展期的核心推动力,在政策上连续出台了一系列法案,对美国高等教育国际化进行规划,对高等教育国际化进行全盘统筹,从政策上为美国高等教育国际化进行了准备。

表4—2　　　　　　　美国高等教育国际化发展规划文件

年　份	文　件
1944	《退伍军人权利法案》
1946	《富布莱特法案》
1949	"第四点计划"
1950	《国际开发法》《国家科学基金会法案》
1954	《农业贸易开发与援助法》
1958	《国防教育法》
1961	《和平队法》、"和平队计划"、《对外援助法案》
1966	《国际教育法》
1975	《外交援助法》修正案
1988	《高等教育法》修正案
1989	美苏"交流教育计划"

续表

年 份	文 件
1990	《教育交流促进法案》
1991	《国家安全教育法案》、国家安全教育项目
1992	《高等教育法》修正案
1999	《新世纪的国家安全战略》
2000	《高等教育国际化的备忘录》
2001	"本杰明·吉尔曼国际奖学金项目"、《爱国者法案》
2005	《以教育开放程度提高国家竞争力法案》

但二战后至20世纪末这一战略发展阶段的政府主导主要重视美国文化的输出与援助,不太重视美国高等教育自身的构建与发展,不利于美国高等教育国际化的长远进步。其中,在1992年,美国高等教育输出开始提速,在一年内出台了一系列鼓励高等教育输出的项目和计划,主要有"国家资源中心计划""外语与区域研究奖学金计划""语言资源中心计划""本科生国际学习与外语计划""商业与国际教育计划""国际商业教育中心计划""博士论文海外研究计划""教师海外研究计划""小组海外项目计划""海外研讨计划或特别双边项目"。进入21世纪后,美国高等教育国际化通过不断调整与完善,逐步走向了成熟(见表4—2)。

3. 德国高等教育输出

与英美澳等国家相比,德国的跨国高等教育输出项目起步晚,发展时间不长。近年来,德国政府高度重视高等教育国际市场,向国外积极推出德国高等教育服务项目,并取得了显著成效。自2001年起,德国联邦教育与科研部每年出资400万欧元,由德国学术交流中心(DAAD)实施"德国海外教育项目"计划,输出模式分为合作模式、德国支持的大学、海外分校、离境机构四种模式,该计划旨在尝试多种高等教育模式和组织形式,建立国际合作和伙伴关系,帮助德国高校提高在国际教育市场的竞争力。

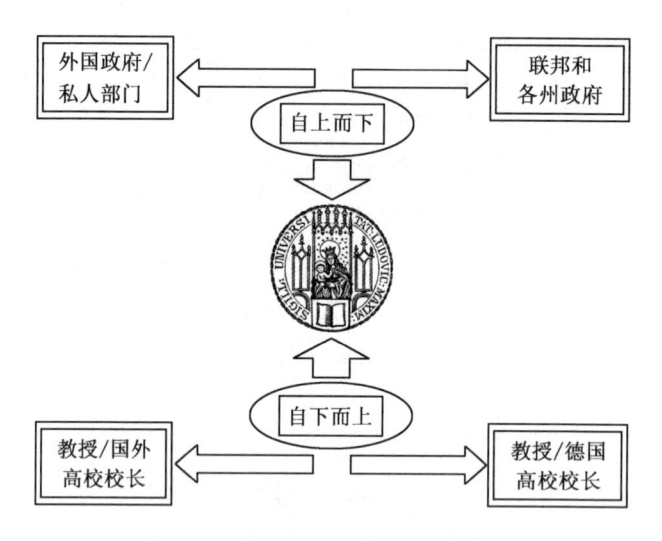

图 4—2　德国跨国高等教育输出途径

从图 4—2 可以看出，德国跨国教育输出项目主要有两种途径：一种是"自上而下"的途径，另一种是"自下而上"的途径。在"自上而下"的途径中，有三个国家层面的政府机构和一个中介组织起着关键的作用，三个政府机构是德国联邦教育与科研部（BMBF）、德国联邦经济合作与发展部（BMZ）和德国外交部（AA）。另一个中介组织德国学术交流中心作为国家对外政策的执行组织也在德国跨国教育项目中扮演着重要角色。在"自下而上"的途径中，德国高校教授与学校领导起着重要作用，主要是采取与国外进行项目合作形式输出高等教育。

4. 法国高等教育输出

法国政府从 1998 年开始采取一系列措施在海外推广法国教育，收到显著成效。法国高等教育也通过各种不同形式走向海外，除了联合办学，还设立分校，甚至新建法国大学等举措。法国在非洲法语区成立很多项目，以促进法国高等教育的输出。除了在法语区的跨国办学中占据主导地位，法国的教育输出也开始面向世界其他地区，特别是亚太地区。法国政府也是法语大学组织（the Agence Universitaire de la Francophonie，AUF）及其建立的法语虚拟大学（Universite Virtuelle Francophone，

UVF)的主要赞助者与参与者。成立于 1960 年的法语大学组织包括 500 多所公私立大学、研究机构和国际组织,从其发端就是一个跨国组织,虽然其总部位于蒙特利尔,但法国政府提供其 70%的经费,在法国的跨国办学中占有重要的地位(见表 4—3)。

表 4—3　　　　法国政府及法国大学组织在非洲的部分办学项目

机构名称	东道国	来源国	成立年份
法国国家远程教育中心(CNED)	非洲	法国	1986
独立学习中心大学网络(RUCA)	非洲法语区	法国	1987
工商管理学院(ESA)	黎巴嫩	法国	1996
泛非经济合作学院(ISPEC)	贝宁(总部)、几内亚、塞内加尔、毛里求斯、马里	以加拿大、法国为主	1969
桑戈尔大学	埃及	多国	1989
商业管理法语学院	毛里求斯	多国	1999
印度洋大学	科摩罗、马达加斯加、毛里求斯、留尼旺、塞舌尔	多国	1999

5. 日本高等教育输出

20 世纪 70 年代,日本跻身世界经济高度发达国家行列。伴随经济实力的增长与国际地位的提升,日本大国意识不断增强,高等教育需求急剧扩大,于是,在高等教育领域提出了国际化的口号。日本政府制定了一系列促进高等教育国际化发展的方针和政策,并积极付诸实践(见表 4—4)。

日本高等教育国际化主要分为三个阶段:第一阶段是 20 世纪 80 年代以前,处于缓慢发展阶段,形成了高等教育国际交流思想的开端;第二阶段是 20 世纪 80 年代至 90 年代,处于迅速发展阶段,日本政府正式推出国家化政策,各国留学生呈增长趋势;第三阶段是 20 世纪 90 年代至今,处于不断调整时期,受到日本经济波动的影响,留学生数量变化也不稳定,为了达到目标,日本政府不断地改变政策。

表 4—4　　　　　　　日本跨国教育相关政策文件

年份	文　件
1974	《咨询报告》
1985	《关于教育改革的第一次咨询报告》
1986	《关于教育改革的第二次咨询报告》
1987	《关于教育改革的第三次咨询报告》《关于教育改革的第四次咨询报告》
1995	《教育白皮书》
1998	《21世纪的日本大学与今后的改革政策——个性在竞争环境中闪光》

6. 俄罗斯高等教育输出

俄罗斯的高等教育发展较晚,直至19世纪才初步形成现代教育的体系。十月革命后,苏联处于较封闭的状态,其教育交流仅局限于各个加盟国和第三世界国家。20世纪90年代俄罗斯走上独立发展道路后,面对综合国力的迅猛下降和国内经济、社会的多重危机,俄罗斯联邦政府确立了以教育改革作为国家复兴的重大战略;颁布实施了一系列法律、法规和政策(见表4—5)。

表 4—5　　　　　　　俄罗斯高等教育相关文件

年份	文　件
1992	《关于俄罗斯联邦建立多层次的高等教育决定》《俄罗斯联邦教育法》
1996	《高等职业教育和大学后职业教育法》
2002	《关于高校大学生对高等职业教育国家标准内容掌握情况考察程序的组织工作》
2003	《博洛尼亚宣言》

这些举措为俄罗斯高等教育的国际化发展及涉外办学发展提供了前提,推动高等教育体制变革。经过此次改革,俄罗斯的高等教育既保留了其传统的五年制专家资格教育,也引入了世界通行的高等教育层次结构,即专科(2年制不完全高等教育)、本科、硕士和博士学位教育。此外,俄罗斯联邦政府还为俄罗斯高等教育融入世界、面向国际做出许多相关工

作。例如,推动与他国签署教育合作协议,仅1997年俄罗斯便与68个国家签署143份政府间和部门间教育领域的合作协议。为了推动大学生的国际流动,2001年俄罗斯恢复向国外留学生提供奖学金的政策。

"博洛尼亚进程",是由29个欧洲国家于1999年6月在意大利博洛尼亚发起的欧洲高等教育改革计划,力图整合欧洲教育资源,打通各国不同教育体制,促进欧洲区域内高等教育交流与合作。签署"博洛尼亚进程"后,俄罗斯按照要求对国内高等教育系统再次进行改革,促使俄罗斯高等教育进一步深化,20世纪90年代以来各项改革为日后俄罗斯高等教育对外合作办学打下基础。

7. 加拿大高等教育输出

加拿大高等教育自1663年建立至今已有351年历史,加拿大高等教育从无到有,从小到大,获得了极大发展。自20世纪末开始,加拿大各级政府为了获取更多的高等教育发言权,一方面削减了提供给大学的经费,另一方面又将经费通过各种专项教育和科研基金的方式,引导大学为实现各省/地区的社会经济优先发展战略目标服务,要求大学不断产生新的思想和技术,培养出更多的高素质国际化人才,为提高国家在国际上的综合实力和竞争力作出贡献。进入20世纪八九十年代,加拿大联邦政府采取了一系列促进高等教育国际化的政策(见表4—6)。这些政策一是加强加拿大教育品牌的营销,招募到更多的留学生,建立加拿大教育的国际声望,吸引更多的优秀国际留学生来学习或定居,也让加拿大学生更为方便地"走出去";二是进一步放宽留学生政策,政策的放宽主要体现在签证的发放、工作、移民条件等相关政策当中。社区学院和高等专科学校及各省的大学都纷纷参与到高等教育的国际化进程之中。

表4—6　　　　　　加拿大跨国教育相关文件

年　份	文　件
1990	《没有国界和边界的教育》
1992	《创造我们的未来:加拿大繁荣行动的纲领》

续表

年　份	文　件
1993	《国际教育：亚太地区与加拿大》
2011	《加拿大国际教育营销行动计划》
2012	《国际教育是加拿大未来繁荣的关键动力》
2013	《2013加拿大经济行动计划》

8. 澳大利亚高等教育输出

澳大利亚是较早推行高等教育输出的国家之一，已经从早期的"资助"转化到"有偿贸易"。20世纪90年代，澳大利亚政府大幅减少了海外留学生的奖学金和助学金资助额度，与此同时，向留学生收取全额学费，这意味着澳大利亚开始实施教育服务贸易。这种转变得益于澳大利亚政府的高度重视和积极推动。澳大利亚政府不仅从观念、政策上大力推进跨国间的合作办学活动，还从财政上大力支持澳大利亚高校的跨国办学活动。每年澳大利亚政府都拨出可观的财政经费，保障澳大利亚高校在国外实施跨国高等教育的质量，尤其注重亚洲高等教育输出并凸显其在亚洲高等教育市场的重要性。

澳大利亚政府设立了三个机构来推动澳大利亚高等教育输出（见表4—7）。这些专门教育机构制定规划以促进跨国高等教育快速发展，从中不难看出澳大利亚政府大力推动跨国高等教育发展的决心。由此澳大利亚的教育出口将使澳大利亚在全球教育变革中占据优势地位。在政府政策的支持下，澳大利亚大学纷纷走出国门，在国际教育市场上获取了丰厚的教育服务贸易收益，且已占领相当大的市场份额。

统计数据显示，在教育输出增长的国家中，增幅最大的是澳大利亚，与之相媲美的还有英国。比较这两个国家教育输出政策调整，可以看到有两个特别显著的共同点：一是教育输出战略政策调整。澳大利亚、英国的教育输出均写入政府工作报告，并有明确的国家发展计划和具体的创汇目标。二是学习者权益保障政策。澳大利亚、英国近年来在入学及学习条件、签证、工作许可、移民政策方面连续出台多项政策措施,作出调整。可以看出,在影响教育输出增长的相关政策中,战略政策、学习者权益保障政策的重要性,对于教育输出的增长具有举足轻重的作用。

表4—7　　　　　　　　澳大利亚政府专门教育机构

英文名称	中文名称	筹建年份	职　能
International Development Program(IDP)	澳大利亚高等学校国际发展计划机构	1969	原属澳大利亚大学校长委员会的常设委员会,处理日常事务,负责检查澳大利亚教育机构执行政策的情况
Australia International Education Funds(AIEF)	澳大利亚国际教育基金会	1993	总部设在首都堪培拉,它的资金主要来源于每年联邦政府和各州政府的拨款,其中30%投资在教育领域
Association of Australia International Education(AAIE)	澳大利亚国际教育协会	1993	针对澳大利亚跨国教育的教育与培训机构而成立的行业协会,向澳大利亚国内及国外提供教育咨询及培训服务

(二)中国社会转型与高等教育需求

美国政治学用"总体性社会"概念来概括社会出现的所谓"总体性危机"。总体性社会的三个基本构成要素是:第一,国家直接垄断社会生活资料;第二,政治中心和经济中心高度重叠;第三,国家直面民众,忽略了社会中介组织。在总体性社会中,单位是社会结构的细胞。"强国家—弱社会"这种国家制度模式中,政治、经济系统高度重叠,国家垄断了大部分社会资源,它既是生产资料的垄断者,又是发放者,还是权力和威望的配置者。

中国的改革开放启动了从计划经济向社会主义市场经济的转型,打破了平均主义式大锅饭的模式,国家减少了对经济活动的直接干涉和对社会资源的垄断,逐渐出现"自由流动资源"和"自由活动空间",人们的积极性被调动了起来,中国经济走上了快速发展的道路。与经济转型相伴随的是社会结构的转型,国家主动地调整了包括意识形态在内的自由程度,培育市场经济和社会力量,打造了新型的社会主义市场经济,进行了健全法治等在内的各项制度化建设。

政府职能的转变体现在高等教育上,即中国对外教育政策的改革,这种改革主要体现在四个方面(见表4—8):一是留学政策。自1978年教育部关于增选留学生的通知以来,国家始终坚持出国留学工作的总方针,即支持留学,鼓励回国,来去自由。国家专门成立留学基金委,改革了公费留学的选派和管理,鼓励自费留学,根据国家建设与发展的实际需要设立了若干留学经费专项,从2003年起提高公派留学资助金。二是境外办学。尽管境外办学发展较快,整体而言,教育输入与教育输出还很不平衡,境外办学规模亟待发展。2002年教育部颁布的《2003—2007年教育振兴行动计划》提出,要进一步扩大教育对外开放,推进教育国际合作与交流向全方位、多领域、高层次发展。三是加入世界贸易组织。根据服务贸易总协定,中国做出开放高等教育的承诺。四是多边教育国际合作。中国作为国际教育合作的积极参与者,与联合国教科文组织、欧盟、亚太经济合作组织、东盟等都建立了长期的合作关系。

表4—8　　　　　　　　中国高等教育体制改革领域目的与内容

领域	目的	内容
留学政策	支持大规模的留学活动,自费公派出国留学人员享受对方资助,鼓励学有所成的学子回国,并且来去自由	第一,对国家公费留学的选派和管理的改革;第二,根据国家建设与发展的实际需要设立了若干专项;第三,从2003年起提高公派留学资助金
境外办学	中国的教育输出能力还很弱,要保障和促进中国高校境外办学的稳步发展	进一步扩大教育对外开放,推进教育国际合作与交流向全方位、多领域、高层次发展
加入世界贸易组织	中国正式成为世界贸易组织第143个成员国。这将促使我国的高等教育更加开放地面向世界,更加主动地进行国际交流与合作	教育属于服务贸易领域第5类,受到服务贸易总协定的约束。中国除了义务教育和特殊教育服务(如军事、警察、政治和党校教育等)不做承诺外,其他各级各类教育均为承诺的范畴
多边教育国际合作	加强中国与国际组织的多边合作是中国对外教育政策很重要的一个部分	建立中国与联合国教科文组织、世界银行、欧盟、亚太经济合作组织、东盟,以及世贸等组织的合作关系

二、中外合作办学的制度环境

借鉴俞可平等(2006)的公民社会制度环境的划分方法,把国家用以规范和制约活动的所有正式或非正式的准则,统称为制度环境,包括宪法、法律、行政法规、国家政策、非正式制度。中外合作办学发展的制度环境,是合作办学活动中的各种正式规则和非正式规则的统称,这些规则的集合体是决定高等教育组织生存和发展的重要外部条件。具体来讲,包括以下几个方面:

(一)宪法

《中华人民共和国宪法》是中华人民共和国的根本法,具有最高的法律效力。中华人民共和国成立后,曾于1954年9月20日、1975年1月17日、1978年3月5日和1982年12月4日通过、颁布了四部宪法,现行宪法为1982年宪法,历经1988年、1993年、1999年、2004年和2018年五次修订,其中涉及教育方面的相关规定是国家鼓励集体经济组织、国家企业事业组织和其他力量依照法律规定举办各种事业,允许各种社会力量参与办学。包括国家、民间资本和国外政府、企业和高校等,各种力量都可举办高等教育办学,这为中外合作办学奠定了法律基础。

(二)普通法律

1995年3月颁布的《教育法》规定:国家鼓励企业事业组织、社会团体、其他社会组织以及公民个人依法举办学校及其他教育组织;任何组织和个人不得以营利为目的举办学校及其他教育组织。1996年5月的《职业教育法》规定:国家鼓励事业组织、社会团体、其他社会组织及公民个人按照国家有关规定举办职业学校和培训组织,也鼓励境外的组织和个人在中国境内举办职业学校和培训组织,这就为高校中外合作办学机构进行非学历教育提供了保障。2002年12月的《民办教育促进法》规定:国家组织以外的社会组织和个人,利用非国家财政性经费,可以面向社会举办学校及其教育组织的活动。所有这些教育法规鼓励和支持高等教育视野的国际交流合作,都为中外合作办学提供了法律支持。

(三)行政法规

政府法规指的是政府行政管理机关发布的法令、规章、条例等,其主要作用是通过可操作的条款实施宪法和法律的相关规定(林金辉和刘志平,2010)。一般情况下,政府法规常常表现为国家普通法律的实施细则和具体措施。中国大学派遣和接受访问学者、留学生,扩大校际交流与合作,国家多次发文鼓励、接受境外民间组织和个人来华捐资助学等活动,境外组织和个人通过各种渠道表示愿与中国合作办学的意愿增多,由此,国家出台了相关的政策法规。

1993年,《中国教育改革和发展纲要》第一次提出"在国家有关法律法规的范围内进行国际合作办学"。《外国组织和个人来华合作办学问题的通知》指出多种形式的国际教育交流活动是中国改革开放政策的重要组成部分。1993年12月,上海发布的《上海市境外组织和个人在沪合作办学管理办法》允许境外组织和个人在沪合作办学,在上海市举办除义务教育以外的学历教育和非学历教育。1995年,《中外合作办学暂行规定》规定了中外合作办学应遵循的原则,对合作办学的规范审批程序、办学组织的领导体制、发放证书、学位授予等都做出了较明确的规定。1996年,国家发布了《关于加强中外合作办学活动中学位授予管理的通知》,严格划分了学历教育与非学历教育、非学位项目与授予学位项目的界限。2001年12月,国家外国专家局办公室印发了《社会力量办学和中外合作办学单位聘请外籍专业人员管理暂行办法》,规范了中外合作办学外教的管理办法。《中华人民共和国中外合作办学条例》于2003年正式实施,第一次提出了对中外合作办学实行扩大开放、规范办学、依法管理、促进发展的方针,鼓励引进外国优质教育资源的中外合作办学,鼓励中国高等教育组织与外国知名的高等教育组织合作办学,还规定了中外合作办学的基本性质、发展定位、行为准则及其合作范围,对教育行政部门、劳动行政部门及其他一些有关部门的责权作出规定,对中外合作办学的组织或项目的设置、组织管理、教育教学、资产和财务变更与终止以及法律责任等方面作出规定,这些从根本上为中外合作办学提供了强有力的保障。2009年7月,教育部办公厅发布《教育部办公厅关于开展中外合作办学评估工作的通知》和《中外合作办学评估方案(试行)》,对本科以上高等学历教育和实施境外学士学位以上教育的中外合作办学机构和项目进行合格性评估。

其他部委也采取相应措施促进中外合作办学的健康发展,如1997年国家计委、国家经贸委和商务部联合发布《外商投资产业目录》,将中外合作办学(基础教育外)列入了乙类限制服务业,允许投资。2004年发布的《2003—2007年教育振兴行动计划》第一次把扩大教育对外开放、加强国际交流与合作提高到国家教育战略的高度,提出了"政府与民间并举、双边与多边并行、兼顾战略平衡、保证重点、注重实效"的方针,其政策导向是推进教育国际合作与交流向全方位、多领域、高层次发展。

(四) WTO、GATS 等相关国际政策与法规和条例

1. 世界贸易组织(WTO)中关于跨国教育的相关规定

世界贸易组织是世界上最主要的规范国际贸易规则的国际组织。根据WTO《服务贸易总协定(GATS)》规定,教育服务贸易是WTO服务贸易协议中一项重要的组成部分,教育服务贸易是指收取学费、带有商业性质的教学活动(除了由各国政府资助的教学活动外)。服务贸易又可分为跨境交付、境外消费、在服务消费国的商业存在和自然人的流动四种提供方式。跨境交付是跨境的远程或函授教育服务;境外消费是留学生到国外接受教育服务;商业存在指的是跨国际的合作办学;自然人流动是外国教师以个人身份到外国参与教育服务(见表4—9)。中国2001年正式加入WTO。中国加入WTO对教育服务的承诺是部分承诺,中国在高等教育作出承诺,许可外方为中国提供教育服务,允许商业存在,即允许中外合作办学,承诺具有一定资格的境外个人教育服务提供者应中国学校或教育组织聘用或邀请,可以来中国提供教育服务。

加入WTO对我国教育的影响是基础性、全局性、先导性的,我国教育应对入世所面临的机遇和挑战必须加快政府职能和学校角色转变步

伐,加强学校德育工作维护教育主权,加大投入力度深化办学主体多元化改革,全面提升我国教育竞争力。

表4-9　　　　　　　　　　教育服务贸易分类

项目	内容	示例
跨境交付	跨境的远程或函授教育服务	EF英孚集团从1997年开始在全球举办English town网上英语教学,成功地将分布在全球的1万多名外籍英语教师的现场授课搬上互联网
境外消费	留学生到国外接受他国教育服务	1978—2011年底,各类出国留学人员总数达224.51万人。近10年来,中国出国留学人数达321.24万人
商业存在	一国企业到他国开办合资学校、培训组织	截至2022年12月,本科以上中外合作办学机构和项目1 454个
自然人流动	外国教师以个人身份到外国参与教育服务	1979—2020年,聘请外专外教的人数达到7.07万人次。中国教育机构共有外籍教师6.71万人

2. 其他相关国际政策、法规和条例

欧美发达国家是主要的高等教育输出国,国际组织和高等教育输出国对学历教育有自己的相关规定。如英国的质量保证署颁布了《高等教育境外合作办学质量保障实施准则》;美国的高等教育认证委员会颁布了《对非美国本土教育项目的评价原则》;澳大利亚颁布了《澳大利亚大学对海外学生提供教育的道德实践法则》;联合国教科文组织和欧盟颁布的《提供优秀跨国教育的实施法则》《对国外教育资格及学习阶段评价的标准和程序建议》《里斯本条例》等为跨国高等教育资格认证提供了总体框架;欧洲建立了"欧洲学分转换体系"等。这些法规和条例既为中国相关中外合作办学的政策与法规提供了借鉴和参考,也促进了中国了解国外高等教育及跨国合作办学项目与管理模式,促进了中外合作办学的顺利开展,保障了优质高等教育资源的引进。

(五)出国留学政策和留学生归国优惠政策

中外合作办学的一些项目会涉及授予中外双学位或只是国外大学单

学位,这与海外留学政策鼓励和支持密切相关。当代留学潮的兴起是国家政策引导的产物。1978年,中国恢复了向西方国家大规模公派留学生的政策。1984年,国家发布了自费留学规定,只要个人通过合法途径,均可申请到国外自费留学。如果说公派留学开启了改革开放后留学的大门,那么自费出国留学将留学之门向所有的知识分子打开。教育部从1990年到1993年两次调整自费出国留学政策,1993年7月,《关于自费出国留学有关问题的通知》发布后,中国公民申请办理自费出国留学的渠道已畅通,自费留学不再受国家限制,自费留学人数增加很快。

国家还采取一些措施和行动鼓励出国留学人员回国发展。如招聘留学人员回国工作或做博士后研究,设立回国人员科研、教学工作所急需的科研启动基金经费。又如国家制定留学生回国各类优惠政策,如购买免税车政策、留学生回国落户政策、政府就业创业奖金资助政策、做学术研究方面的政策、关于创业方面的优惠政策、子女入学优惠政策等。1996—2008年主要出国留学政策有:《全面改革公派出国留学人员选派的政策》(1996)、《同意成立国家留学基金管理委员会的政策》(1996)、《实施"春晖计划"的政策》(1997)、《废除"对自费出国留学收取培养费"的政策》(1999)、《建立留学人员创业园区的政策》(2000)、《建立教育涉外监管机构的政策》(2002)、《废除自费出国留学资格审核的政策》(2003)、《确立"党管人才"的留学活动总政策》(2003)、《制定留学回国人员服务工作部际联席会议政策》(2003)、《设立国家优秀自费留学奖学金的政策》(2003)、《国家留学基金资助出国留学人员选拔简章》(2003)、《对海外高层次留学人才进行科学界定的政策》(2005)、《在高水平大学设立公派留学生项目的政策和引进国家重点领域紧缺人才的政策》(2007)、《通过科研机制创新引进海外高层次人才的政策》(2008)、《海外高层次人才引进政策》(2008)。2009年至今,这个阶段是中国出国留学政策变迁的繁荣发展阶段,无论是留学人数还是留学专业领域都达到了中华人民共和国成立以来前所未有的程度。该阶段出台的出国留学政策主要有:《建立留学人员交流网站的政策》(2009)、《招揽海内外高端人才回国服务的政策》

(2009)、《华侨子女在中国学习的政策》(2009)、《海外留学人员安全保障政策》(2010)等,国家级政策性文件的发布呈现少而精的稳定状态,文件发布的频率在逐渐减少,限制性的出国留学政策逐渐减少。所有这些政策极大地促动学生和家长选择中外合作办学项目,促进了中外合作办学一些海外留学项目的发展。

(六)非正式制度

非正式制度指的是那些没有以官方文件形式发布,但却持续地影响公民社会成长发展的非正式规则。现代社会的一个核心特征是,教育是社会资源分配的核心机制,决定了个体在社会分层中所处的位置,而文凭作为教育水平的符号和标识,被社会民众所追逐。中国是一个非常重视教育和文凭且教育竞争异常激烈的国家,有着1 300余年历史的科举制度早把文字和教育的神圣性沉淀到中国人的文化习性里,现代社会对教育重要性的全面确认,更加激发了国人对教育和文凭的热情。对海外文凭和留学经历的高度重视,成为中外合作办学蓬勃发展的土壤。

第二节 中外合作办学机构的技术环境

从新制度主义看来,组织不仅是适应制度环境的产物,而且是追求技术目标的产物。中外合作办学机构在追求组织技术目标的过程中,必然面临着技术环境的不断变化,技术环境主要是中外合作办学机构所从事的合作办学项目发展过程中面临的环境,比如机构内部各个项目之间构成的环境和机构之间构成的环境。这里着重介绍机构之间构成的环境。

一、中国高等教育市场化

由于受计划经济体制形成的"包得过多,统得过死"的束缚,"千篇一律"一直是中国高等教育的一个顽症。20世纪80年代中期高等教育办学权力逐渐下放,政府干预减少,出现"多样化"办学。办学多样化主要体现在办学体制和教育服务提供的多样化,以及教育经费来源的多样化。

政府不再包揽高等教育的提供和投资,而是鼓励社会力量投资教育,以及高等院校自筹经费。办学体制由过去的"国家直接计划及政府管理"转变为公办、民办与私立并立。20世纪90年代国家不再是教育服务的唯一投资者,尽管国家增加了对教育的财政投入,但仍不能满足教育发展的需要。大学自筹经费的主要方式包括招收计划外学生(委托培养生和自费生)收取学费和学校开办培训课程,开设成人教育和夜大学等。

与经济转型和政府职能转变相伴随的是社会结构的转型,原有的以政治身份为核心的社会分层开始转向韦伯意义上的财富、文化和权力的多元分层机制。在2000年前后中国中产阶层群体逐渐凸显,中产阶层群体不仅有着强烈的优质教育需求,而且有经济能力为多元选择买单。他们的孩子既可以选择在国内读学费低廉的公办高校,也可以选择读学费略高的民办高校,包括学费更高一些的独立学院,还可以选择费用高昂的出国留学。越来越多的富裕家庭选择把孩子送出国读书。中外合作办学是一种兼具市场与计划两种体制的办学模式。由于国家财政在中外合作办学机构建设和发展的经费投入有限,因此基本不能靠财政性的教育经费投入来办学,而是由合作方承担或以市场机制筹措解决,向学生全额收费。中外合作办学的其他费用,出资人可以按照相关规定从办学结余中取得合理回报,满足多样化的需求。

二、中国高等教育普及化

著名教育家马丁·特罗(Martin Trow,1974)依据高等教育毛入学率,18—22岁人口中高等教育入学人数在15%以下的为精英教育,15%—50%的为大众高等教育,50%以上的为普及高等教育。1999年我国启动高等教育扩招政策,2002年高等教育毛入学率达到15%,我国进入高等教育大众阶段。1999—2006年,中国高等教育连续7年扩招,毛入学率实现了从1999年的10.5%到2005年的21%的飞跃,并在2002年超过15%。2013年以来,我国高等教育规模不断扩大,建成世界最大规模高等教育体系,在学总人数达4 430万人,高等教育毛入学率从2012年的30%,提高至2021年的57.8%,高等教育进入普及化发展阶段(见表4—10)。如此快的增长速度给高等教育各方面的配套供给带来很大的挑战。高校资源全面紧张,高等教育的投入速度完全跟不上扩招的速度,高校生均师资、教学空间、仪器设备和实习场地等都出现了严重不足的现象,这直接导致教学质量下降。

表4—10　　　　　　　　　高等教育发展三阶段变化

阶段 维度	精英阶段	大众阶段	普及阶段
高等教育规模(高等教育毛入学率)	15%以下	15%—50%	50%以上
高等教育观	上大学是少数人特权	一定资格者的权利	人的社会义务
功能	塑造人的心智和个性,培养官吏与学术人才	传授技术与培养能力,培养技术与经济专家	培养人的社会适应能力,造就现代社会公民
课程	侧重于学术与专业,课程高度结构化和专门化	灵活的模块化课程	课程之间、学习与生活之间的界限被打破,课程结构泛化
教学形式与师生关系	学年制、必修制;重视个别指导法;师徒关系	学分制;讲授为主,辅以讨论师生关系	教学形式多样化;现代化手段;师生关系淡化
学生的学习经历	住校、学习不间断	走读、多数学生的学习不间断	延迟入学、时学时辍现象增多
学校类型与规模	类型单一;每校数千人;学校与社会间的界限清晰	类型多样化;三四万人的大学城;学校与社会间的界限模糊	类型多样且没有共同的标准;学生人数无限制;学校与社会间的界限逐渐消失
领导与决策	少数精英群体	受政治、"关注者"影响	公众介入
学术标准(质量标准)	共同的高标准	多样化	"价值增殖"成了标准
入学与选拔	考试成绩、英才成就	引进学术标准	个人意愿

续表

阶段 维度	精英阶段	大众阶段	普及阶段
学校行政领导学校内部管理	学术人员兼任高级教授控制	专业管理者初级工作人员与学生参与	管理专家；民主参与；校外人士参与

资料来源：此表引自潘懋元，谢作栩．试论从精英到大众高等教育的"过渡阶段"[J].高等教育研究，2001(02):1—6。

在高等教育规模扩张中，民办教育是一支重要的生力军，缓解了高等教育资源紧张。民办教育机构最初被称为"社会力量举办的非学历高等教育机构"，招生不纳入国家统一招生计划，毕业生也不颁发教育部统一编制的学历和学位证书，民办教育机构主要是帮助学生通过全国自学考试，获取国家承认的学历证书。随着这些机构办学经验的积累以及办学质量的提高，其中部分机构获得了"民办高校"的称谓，并被纳入国家普通高等教育中，和其他公办高校一样招生和发放证书。为了增加高等教育供给，国家还鼓励公办高校和企业合作，发展独立学院[①]，也归属于民办教育类别中。随着高等教育大众化和普及化的实现，民众上大学机会增加，自学考试和为其服务的"社会力量举办的非学历高等教育机构"吸引力越来越低，渐渐退出了高等教育领域。

高等教育中外合作办学最初属于民办教育，从非学历教育、计划外专科、计划内专科、高考复习班、自学考试助学班，再到高职和双学位本科教育，到现在的研究生教育。高等公办教育、民办高等教育和中外合作办学高等教育形成了三足鼎立的局面。民办高等教育与中外合作成立之初，都定位于招收高考落榜生，致力于自考助学、英语培训等项目，无论是专业设置，还是人才培养等方面，都存在激烈的市场竞争，生源之间竞争尤

[①] 一般认为，中国第一所独立学院是于1998年成立的苏州大学文正学院，该学院是苏州大学申办、苏州大学教育发展基金会投资建立的。在创办初期，这类机构被统称为"二级学院"，后期被称为"二级学院"或"独立二级学院"。2003年，教育部印发《关于规范并加强普通高校以新的机制和模式试办独立学院管理的若干意见》，"二级学院"开始在国家政策的支持下向自主办学机构过渡，并代之以新的名称——"独立学院"，归属于民办高校类型，招生时放在第三批次。

为突出。1999年普通高校扩招后，更加剧了生源的竞争。生源问题是中外合作办学能否成功的关键问题之一，面临激烈生源竞争，以及中外合作办学机构和项目内部竞争。如何开展高质量的合作办学项目，吸引学生就读，是中外合作办学机构面临的技术环境下的主要问题。S学院《十七年发展纪实》可以印证：

以上海为例，尽管S学院是S大学的二级学院，但是我们还得经费独立，所以生源对于我们来说非常重要，就必须要求我们办出高质量的合作办学项目。组织成立之初，上海市大学落榜生生源非常多，主要是开展计划外招生，开展专科教育、自学考试辅导等，层次比较低，因为当时上海刚刚开放，人才需求量很大，而中国高等教育不能满足广大人民需要，所以当时生源非常火爆。但1999年高校扩招后，尽管S学院非学历计划外教育招生还可以，但是随着高考复读班、成人自学考试、学历大专扩招、成人夜大学、学历认定教育等迅速兴起，生源逐渐减少。自1998年，计划外教育生源市场竞争越来越激烈，生源质量开始下降。

上海的生源竞争非常激烈，转向从江苏、浙江等地区招生。但是随着中外合作办学的发展，现在基本上每个省、每个高校都有中外合作办学机构或者项目，连西部地区高校都有类似的项目了，所以我们组织招生还是有一定的压力的，尤其是我们组织的自主招生，即拿国外文凭的项目，竞争还是很激烈的，这部分学生的收费为39 000元人民币一年，是组织办学经费的重要部分，而很多学校很重视这部分生源。上海有好几所大学也都是抓中外合作办学，如上海外贸大学、上海理工大学等。

三、中外合作办学机构的发展现状

中外合作办学机构是由中方教育机构和外方教育机构合作的高校建制的办学形式。与项目相比，机构数量要少得多。但是机构却代表了中外合作办学的高级组织形态，尤其是具有独立法人中外合作办学机构，实质就是一所完整的、具有独立地位的高校。

(一)省市分布

全国共有 23 个省市开设了中外合作办学机构，数量排在前五位的省份分别为：上海(20)、江苏(20)、广东(16)、山东(15)、浙江(15)(见图 4—3)。中外合作办学机构地区分布的不均衡是中国教育发展不平衡的一个缩影。这种分布格局与当前经济和教育发展的程度以及当地政府对国际化发展的重视程度紧密相关。至今还没有建立中外合作办学机构的省份不仅在吸引境外优质教育资源上缺乏竞争力，而且在提升本地区高等教育国际化意识方面也落后于其他地区。

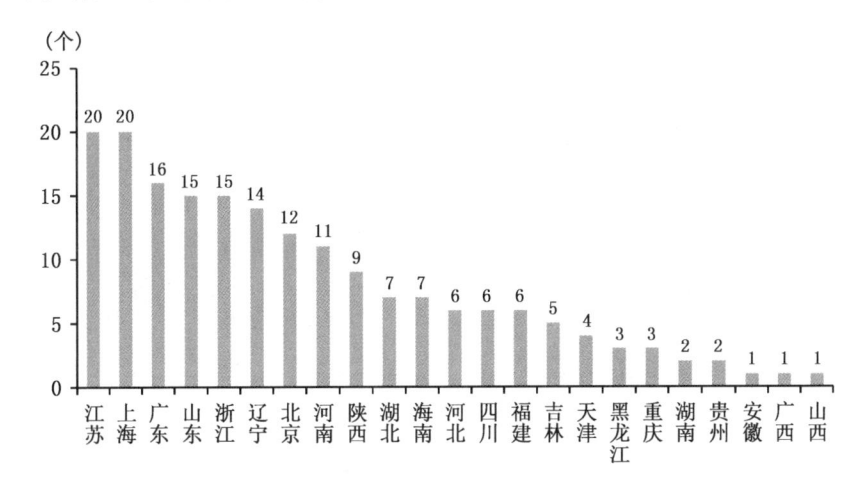

资料来源：中华人民共和国教育部中外合作办学监管工作信息平台。

图 4—3 中外合作办学机构国内地区分布

(二)国别

参与主办中外合作办学机构的国家(地区)共有 23 个，主要来自经济文化发达的国家或地区。其中排名前六位的分别是英国、美国、俄罗斯、法国、澳大利亚和德国，超过了 10 家机构。由两个或以上国家(加拿大和美国)合作举办的中外合作办学机构只有两个。这也说明了中国高校需要集合多方资源合作办学，尤其要着重考虑教育资源丰富且先进的国家和地区(见图 4—4)。

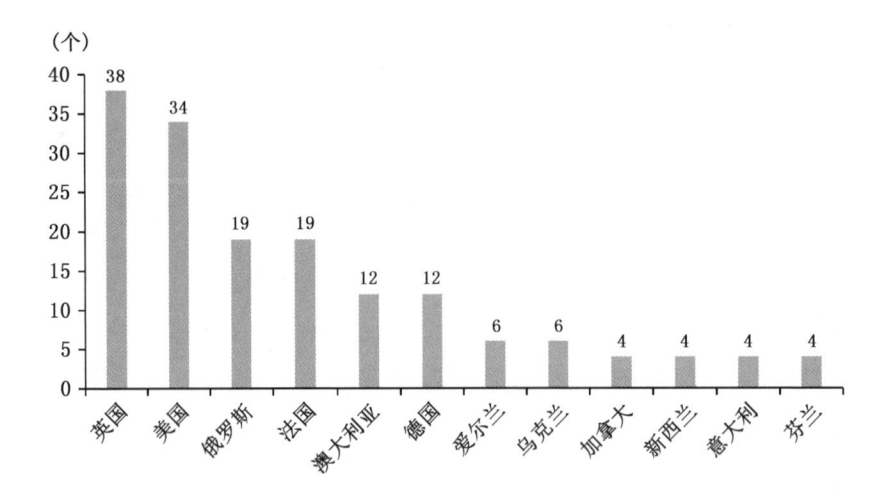

资料来源：中华人民共和国教育部中外合作办学监管工作信息平台。

图4—4　中外合作办学机构国别分布

（三）办学层次和类别分布

中外合作办学机构以学历教育为主，实施学历教育和非学历教育两种办学形式结合的办学机构仅占总数的35.1%。其中有45所中外合作办学机构实施学士学位教育，占78.9%；实施硕士学位教育的中外合作办学机构有19所，占33.3%；实施博士学位教育的有10所，占17.5%；实施专科及其他教育的有6所，仅占10.5%；实施两种或以上学历教育的有20所，占35.1%。因此，中外合作办学机构的办学层次以本科教育为主，硕士教育为辅，大部分学校是不同办学层次并举的机构（见图4—5）。

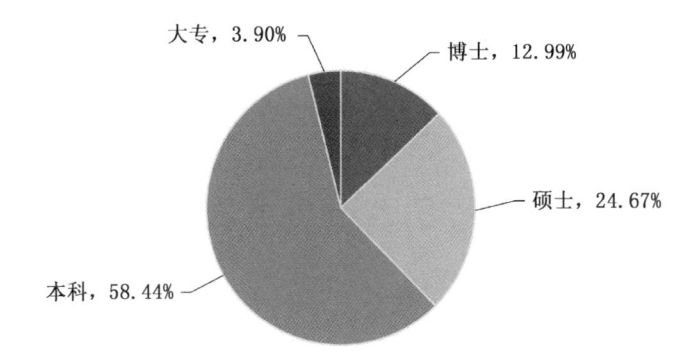

资料来源:中华人民共和国教育部中外合作办学监管工作信息平台。

图4—5 中外合作办学机构学历层次分布

(四)专业分布

目前中外合作办学机构开设工学类(土木工程、电气工程等)最多,占总数的34.5%;其次为管理学类(工商管理、市场营销等)和理学类(数学、化学等)各占14.9%;文学类(新闻、艺术类等),占13.1%;经济学类(国际金融、财务会计等)占7.7%;其余分别为教育学、医学、农学(见图4—6)。由此可以看出,理工和管理类的专业占据了合作办学机构开设专业的主体地位,反映了中国对境外高等教育专业资源的选择和市场需求。

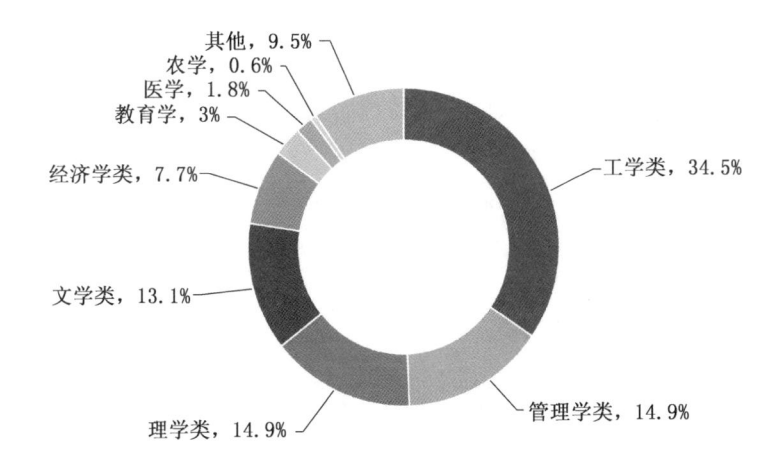

资料来源:中华人民共和国教育部中外合作办学监管工作信息平台。

图4—6 中外合作办学机构专业分布

第五章　中外合作办学学院的发展策略
——以 S 大学 S 学院为例

第一节　个案介绍

中外合作办学二级学院是指由中方大学与外方大学共同创办的不具有法人资格的中外合作办学机构。我国目前大多数中外合作办学机构是以非独立法人形式存在的,由中国大学与国外大学联合,在中国大学下成立新的二级学院。《暂行规定》批准的本科阶段的中外合作办学机构有19个,《条例》批准的本科阶段中外合作办学二级学院有154个。

一、选择个案的理由

选择S大学S学院作为研究个案,主要有以下理由:第一,S大学S学院所处的上海市是经济比较发达的地区,高等教育中外合作办学比较早,而且很活跃,具有一定的代表性和典型意义。第二,S大学是"双一流"大学,属于上海市优质教育资源,又是比较早地开展中外合作办学的大学,能够吸引更多的优质教育资源,实现强强联合,具有政府导向的中外合作办学方向。第三,S学院成立于1994年,是全国首批经国务院学位委员会办公室核准学士学位教育项目的4所中外合作办学院校之一,有较完整的发展历史,它的发展过程与中国高等教育发展变迁非常吻合,可以说是中外合作办学二级学院的一个缩影,有助于对中外合作办学机构的发展路径进行分析。

二、中外方合作大学介绍

(一)中方大学介绍

S大学是上海市属的综合性研究型大学,是教育部与上海市人民政府共建高校,是国家"211工程"重点建设高校、上海市高水平地方大学建设高校,是国家"双一流"建设高校。1994年5月,由上海的四校合并组建而成新的S大学。学校植根上海,发挥综合优势,综合实力和核心竞争力显著提升,进入国家"211工程"重点建设高校,迈入研究型大学行列。2016年,S大学列入上海高水平地方大学建设行列。2021年,S大学入选国家"双一流"建设高校,综合实力进入全球前300,全面开启建设世界一流、特色鲜明的综合性研究型大学新征程。S大学学科门类齐全,涵盖哲学、经济学、法学、教育学、文学、历史学、理学、工学、医学、管理学、艺术学、交叉学科等学科门类。现设32个学院,98个本科专业,28个一级学科博士学位授权点,9个交叉学科博士点,45个一级学科硕士学位授权点(含一级学科博士学位授权点),1个二级学科硕士学位授权点(一级学科未覆盖),23个硕士专业学位类别,20个博士后科研流动站。

(二)外方大学介绍

UTS大学是一所位于澳大利亚悉尼市的公立研究型大学,是澳大利亚科技大学联盟(ATN)、中澳工科大学联盟(SAEUC)、世界大学联盟(WUN)中的成员,且经AACSB认证的世界著名高校。其前身为1843年建立的悉尼机械学院(SMSA),1882年经新南威尔士州政府批准,机构更名为悉尼技术学院(Sydney Technical College,UTS),1964年定名新南威尔士理工学院(NSWIT),1988年正式更名为悉尼科技大学。UTS拥有多元文化的校园和充满活力的国际交流与研究计划,帮助毕业生为现在和未来的工作做好准备。学校有超过43 000名学生,其中国际留学生超过10 000名,是澳大利亚规模最大的高校之一。UTS大学开设百余个本科专业和160个研究生专业,商学院设有金融、经济、市场营销、管理、会计等专业。工程与信息技术学院是一个创新型和研究密集型的学院,以其基于实践的项目和行业参与度享有盛誉。可持续研究院(ISF)是悉尼科技大学的一个独立研究机构,植根于可持续发展的愿景,进行跨学科、基于项目的研究,它的研究人员包括工程、建筑、经济、科学、社会科学、国际研究和政治研究等领域的专家,为解决可持续发展中的复杂问题提供实际和全面的解决方案。悉尼科技大学学院为悉尼科技大学提供优质直通课程,包括领先的学术英语课程、UTS预科学习和高等教育文凭。这些课程的设计考虑到了UTS的入学要求,每年90%以上的文凭毕业生达到了进入UTS学士学位所需的分数。悉尼科技大学学习中心是为学生提供学习、互动和支持的便利站,为所有已经注册或正在考虑注册UTS项目的学生提供面对面的建议和支持。

三、S大学S学院基本介绍

S大学对外合作交流活跃,中外合作办学稳步发展,起步很早,目前建有四所中外合作办学二级学院。其中S学院成立于1994年,是国内成立最早的中外合作商学院。

(一)成立过程

1993年3月,原国家教委留学生司致电原上海工业大学外事办公室,告知澳大利亚悉尼科技大学欲在中国寻找合作伙伴,联合办学。1993年6月,Insearch学院以UTS名义派出中国合资办学考察团访问了上海工业大学,双方一致认为上海工业大学和悉尼科技大学的中澳合作办学存在很大的可能性。1993年10月,双方签订"上海工业大学、Insearch语言中心谅解备忘录(简要)""上海工业大学、悉尼科技大学Insearch有限公司谅解备忘录",正式启动中澳合作办学项目。1994年3月,上海工业大学发文专送上海市高等教育局国际交流处,申请建立一所具有国际化特色的直属学院,引进国外优质教育资源。1994年5月,新的S大学组建,重新申报为S大学S学院,并于6月召开第一次董事会。

（二）基本情况

S学院有4 200余名在校生，毕业生17 000多名。国家统一招生设有1个博士研究生专业，5个硕士研究生专业，4个本科专业，其中两个为国家一流本科专业建设点。开展有SHU-UTS联合博士招生、国家统招研究生招生、SHU-UTS硕士招生、国家统招本科招生、国际本科招生等办学项目。学院2006年被上海市教委推荐为中外合作办学认证的首家试点单位，成为全国第一家通过国家教育评估机构质量认证并获得证书的中外合作学院。2020年，学院通过AACSB认证，为期五年，标志着S学院正式加入国际精英商学院行列，成为全国为数不多通过AACSB认证的中外合作办学机构；同时，S大学成为全国首个通过AACSB认证的地方211高校。2021年，学院成为法国环球教育（Ed universal）"全球最佳商学院"新晋排名的全球三家商学院之一，2022年学院Ed universal中国排名第34位。2022年，学院当选中外合作办学机构联席会第三届主席单位。从成立至今，S学院已从一所计划外以国外学历教育为主、专科层次的学院，成长为"本科教育为主体，硕士研究生教育和国际学生教育为两翼"的商学院；从以社会力量办学的非学历教育的低层次办学上升为具有本科生和研究生教育的学院。

（三）合作模式

S学院实行联合管理委员会领导下的院长负责制，联合管理委员会中方成员5名，由S大学校领导、学校有关行政部门领导及学院主要负责人组成；澳方成员4名，由悉尼科技大学校领导、商学院院长、Insearch学院负责人等组成。联合管理委员会每年召开1—2次，决定学院办学方向、发展规划、制定和修改章程，审核学院财务运作，对学院重大战略作出决策。学院院长执行联合管理委员会的各项决议，并具体负责学院的日常运行。学院议事决策体制由学院党政联席会议、院务会议和院务扩大会议三级组成，在把握办学方向、处理重大事宜和日常行政管理中重视民主决策和科学决策，并使之制度化和透明化。在教学和科研等专项事务决策中,学术委员会及相关的工作领导小组都有各自的决策权(见图 5-1)。

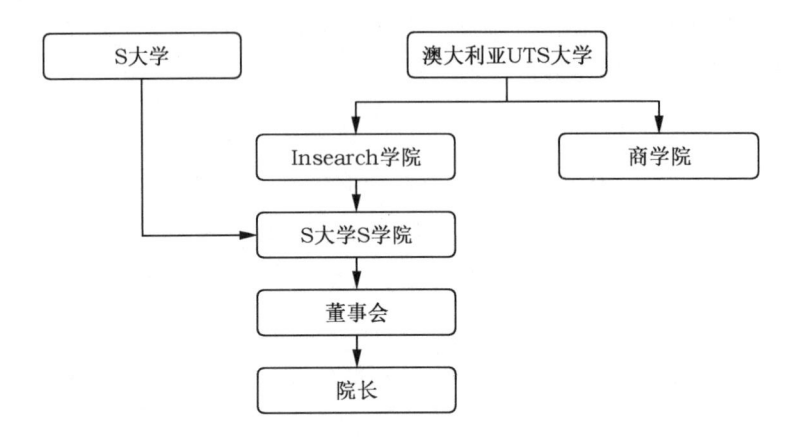

图 5-1　S 大学 S 学院合作模式和管理体制

第二节　S 学院合法性的获得

新制度主义认为,制度就是一系列影响人类行为的规则或规范。制度环境既可能是已成型的法律法规等正式规范制度,也可能是非正式的文化认知,具有相对的稳定性和长效性。合法性(legitimacy)机制是新制度主义最为重要的机制,也是社会学理论中的核心概念之一。德国社会学家韦伯(Weber,2019)首先提出了合法性这个概念,提出了三种合法性机制:第一种是基于对领袖非凡的个人魅力而追随其后的个人或领袖魅力型权威;第二种是传统型权威;第三种是对理性制度认同的权威,如政治制度、法律制度。新制度主义强调合法性机制的重要性,这里合法性不仅仅是指法律制度的作用,而且包括了文化制度、观念制度、社会期待等制度环境对组织行为的影响,合法性机制可以在多种层面发挥作用,不仅可以约束组织的行为,而且可以帮助组织提高社会地位,得到社会承认,从而促进组织间的资源交换。中外合作办学组织的产生源于中国经济体制改革、政府职能转变、高等教育对外政策的变化引起留学大潮等制度环境的变化。

对于S学院而言,它所面对的制度环境是复杂多样的,不但要关注经济全球化背景下高等教育国际化,更要关注中国共产党方针路线和中国政府的政策、教育部和上海市教委的导向等。对于S学院这种自上而下的中外合作办学学院,合法性过程中最重要的部分莫过于与政府互动。在S学院创办的1994年,高等教育中外合作办学无论是在国内还是校内都是一件新生事物。国家开始研究中外合作办学这个新生事物,并出台了一系列规章制度,界定并接受了这一个新生事物。S学院充分认识到高等教育中外合作办学的制度环境合法性的重要性,并一直注重与政府部门保持一致,配合政府部门的各种政策。

S学院是伴随中国改革开放深入和高等教育国际化的发展而发展的,符合中国传统文化中的教育观。中国历来重视对子女的教育投资,迫切希望子女能到国外接受高等教育,获得国外学位。很多中外合作办学组织办学之初就是看到了这种需求,开始着重于语言培训和非学历教育,开始为出国留学做准备。S学院注意到制度环境的变化,如国家宽松的政策,人们对海外留学的需求,并借此推动了组织的发展。S学院深知,在中国高等教育领域,所有中澳合作办学必须得到国家的承认、制度的认可,政府的支持是必不可少的。经过努力适应制度环境,S学院已经发展为国内最早进行自主招生并接受学位认证的中外合作办学机构。S学院高度关注国家的政策发展,以政府的态度作为中澳合作办学的行动指南,随着国家政策的进一步放开,才开始更深一步地合作办学,所开展的中澳合作办学互动是随国家大形势而开展的。

一、合法性认同危机

哈贝马斯(Habermas,2000)对合法性危机进行了深入的研究,他认为:从宏观来看,合法性危机存在于社会变迁中的任何一种政治体系,这种危机往往导致社会的动荡、政治体系的瓦解。从微观来看,一项具体的国家政策或制度都有可能在实施过程中出现合法性危机。中外合作办学组织的合法性意味着对维持中外合作办学组织运行的一系列规则的认同、服从与接受状态。因此,高等教育中外合作办组织合法性危机的实质亦可表述为认同危机或合法化资源供给的危机。

(一)价值选择危机

高等教育中外合作办学过程中还存在不少问题。如外籍教师资质水平不高,招生违规,收取高额的学费,承诺出国却不能兑现。这些问题也是在高等教育中外合作办学过程中逐步暴露的问题,尤其是部分中外合作办学组织合作方层次太低,学历无法认证和滥发文凭。2010 年,美国曝光了 1 500 多所办学质量低下的"文凭工厂""三无大学""非法办学"的黑名单。"文凭工厂"主要是指类似于狄克森州立大学(Dickinson State University)这样的正规学校也存在不严格控制教学质量、滥发文凭的现象。2012 年初,美国狄克森州立大学向国外留学生滥发学位文凭事件被曝光,审计报告指出,自 2003 年开始,狄克森州立大学 410 名被授予联合学位的外国学生中,只有 10 人真正完成了获得学位所有必需的课程和学分,743 名外国学生文凭存在造假问题。美国狄克森州立大学假文凭事件涉及国内多所高校,高等教育中外合作办学产生了严重价值危机。

中外合作办学机构既要有营利性,也要有公益性,它的产生与发展是在市场驱动下的一种自发的诱致性制度变迁行为,采用的是准市场化的运行机制。然而,作为中国境内的所有大学,包括公办高校和民办高校,都在国家政策层面的监管之下,要求具有公益性的功能。虽然中外合作办学作为一种新型的办学模式,不同于民办高校,公立大学的中外合作办学组织更多地体现公办的成分。从某种程度上讲,国家把中外合作办学组织当作普通高等学校下属的学院来进行管理,有严格的计划控制,如 S 学院的专业设置、计划内和计划外招生,S 学院都没有自主权,即便是教育部同意的自主招生,其专业和招生名额也还是严格控制,必须在教育中外合作办学监管网上注册,而且对于本科以上的中外合作办学项目,有严格的审批程序和复核程序。但是对于国外合作方来说,其目的就在于利润。因此，通过普通公办高等学校与欧美高校合作，中外合作办学机构形成了一种兼具市场与计划的双重特征的新组织模式。

一般来说，政府及决策者为了反映社会价值观和政治观点，往往采取教育改革来体现效率、公平、自由。由于办学模式和运行机制的市场化特征的合作办学可能存在片面地追求物质利益的情况，部分高校不管中外合作办学教育质量，一味收取高学费，使得政府倡导的效率优先，兼顾公平的经济学话语在教育决策中形同虚设。而所谓的兼顾往往意味着不顾，或者顾不上，合作办学目的只是在于围绕创收、盈利等市场概念，由此导致只讲经济效益，急功近利违规招生，甚至是降低录取批次招生，"文凭工厂"、国外"野鸡大学"滥发文凭等现象频发，由此所倡导的教育公平成为一句空话，无法实现，高等教育的公平性和公益性也受到严峻的挑战，受教育机会不均正在日益加深，尤其对社会弱势群体来说，由于不能支付高昂的学费，这种不公平性尤其明显。中外合作办学机构中，如果一味遵从以市场性机制，追求利益最大化的功利原则，必将导致高等教育中外合作办学制度中本身具有的正义价值和公益性逐渐丧失，根本不可能实行高等教育道德合法性。更严重的是，长此以往，这种以效率为价值取向的高等教育中外合作办学体制运行可能会对其他公立大学二级学院或民办高校造成多种负面影响，严重影响国家政策的正确执行，由此可能引发高等教育更大的不公平。

(二)公共性危机

中外合作办学作为一个向受教育者提供教育服务的机构，只有最大限度地满足公众教育服务的需求，才能符合社会和公众对中外合作办学的道德期待。公共性是教育制度的本质属性，也是教育制度形成与发挥作用的逻辑基础。这一本质属性决定高等教育制度必须反映大多数人的利益，才能使其具有内容的合法性。中外合作办学机构由于收取高昂的学费，首先满足的是中国社会先富裕的阶层对优质教育资源的需求，不可避免地产生对其他社会阶层尤其是弱势阶层享受优质资源的排斥。从这种意义上看，中外合作办学学院带有的狭隘与偏私，极易引发公共性危机。

由于中外合作办学普遍采取高收费政策,政策公平性大打折扣。比如S学院自主招生中"2+2"项目,S学院2年收费就达7.6万元人民币,加上澳大利亚两年的留学学费和生活费15万元人民币左右,粗略估计下来,如需获得澳大利亚UTS本科学位,就得支付至少20万元人民币的费用。这样的花费极易造成家境好的学生上好学校受好教育,家境差的学生只得上公办学校的实际状况。

由于中外合作办学机构引入了市场机制,那么市场经济会根据财富的多寡来分配稀缺资源。高等教育的目的在于提供平等机会,而在以市场经济为导向的高等教育中外合作办机构实现社会流动的希望将不复存在。市场经济运行本身将会造成公共教育比以往更直接地成为社会和经济不平等性的再造机器,这种不平等既非完全是资本和市场经济所导致的,也非完全由权力所导致,而是由权力与市场结合的产物。因此,从某种程度上说,以高收费为突出特征的中外合作办学所扩大的受教育机会更多的是增加了社会优势群体的教育选择机会。

(三)有效性危机

从表面上看,由于实行按培养成本全额收费,中外合作办学机构对比较紧张的政府财政而言,确实能够起到一定的缓冲作用。中外合作办学组织被社会所广为接受,一度出现招生、就业两旺的良性发展态势,尤其是1999年大学扩招以前,S学院的非学历教育,包括英语培训、自考本科等项目异常火爆。简言之,从一定程度上讲,中外合作办学机构既符合大学的利益诉求,为大学的运行带来生机与活力,又使政府摆脱了财政危机与统治危机,是个两全其美的良策。

政策的成功或失败、失真实际上取决于政策过程中获得价值选择和实现价值选择的政策行为过程的有效性(刘复兴,2003)。尽管中外合作办学组织认为自己具有较高的办学效率与办学质量,然而,社会少部分中外合作办学组织屡屡出现不规范的办学行为。中外合作办学的政策目标是"引进国外优质教育资源",但是部分中外合作办学组织并没有引进核心课程，引进的高等教育资源良莠不齐，世界一流大学很难参与进来，比如澳大利亚基本上是四星级或者三星级大学比较热衷于高等教育资源的输出，S学院的合作方UTS大学也就只是一个四星级大学。2007年，教育部下发《教育部关于进一步规范中外合作办学秩序的通知》，指出目前中外合作办学已有的有效性危机出现五个端倪。端倪之一是宣传上有虚假成分，违反政策直接降低批次录取。端倪之二是学历上掺有水分，招生时有虚假信息，盲目承诺到国外大学学习，甚至是到国外找工作。端倪之三是故意混淆国外大学预科教育的课程班的性质。端倪之四是办学论证草率，合作协议的签署很不严谨，且财务会计管理频频违规。端倪之五是将合作办学的中方主权弃之一边，削弱了中方领导权和决策权。有的高校违背"高等教育不得营利性"的原则，把中外合作办学当作一种敛财的工具和途径，没有专注于教育质量的提高，只是把所谓的"优质教育资源的扩大"成为一句宣传口号，国内优质教育和国外优质教育联合办学的理想并没有实现。因此，从政策实施的结果来看，并不符合政策部门的预期，冲淡着人们对中外合作办学的正面评价，其办学绩效这一合法性基础不时遭到人们的质疑，易引发有效性危机。

二、组织合法性的获得

根据高丙中（2000）关于合法性的研究，合法性分为社会（文化）合法性、行政合法性、政治合法性和法律合法性，并认为法律合法性是整合前三种合法性的核心。具体来说，中外合作办学组织的产生和发展也是在一个复杂的社会系统中进行的，S学院制度合法性的获得是不断从社会、政治、行政和法律等领域提取合法性资源的过程。

（一）社会合法性的获得

高丙中（2000）认为社团的社会合法性主要由地方传统、当地的共同利益和有共识的规则或道理组成。苏力（1999）也总结获得社会合法性的两大基础，即符合文化传统与获得共同利益。因此中外合作办学机构的社会合法性最主要的基础是符合中国文化传统和拥有共同利益。对于S

学院来说，其社会合法性，就是必须获得符合中国文化传统中渴望到发达国家接受教育的思想以及对含国外高校投资者在内的利益主体的认可。

中国有长达上千年的封建文化，"学而优则仕"，普通百姓认为，只有接受高等教育才能有好的发展前途。因此父母普遍重视子女的教育，愿意到国家举办的"正宗大学"接受高等教育，而不愿去职业教育和普通民办高校。与此同时，改革开放打开国门之后，国民对西方发达国家的推崇，对洋文凭、海外经历的追求也越来越强烈，这种思维反映在教育方面表现为集体无意识地向往海外大学。中外合作办学招生时，很多高校都承诺可以到国外合作伙伴大学学分互认，继续攻读学位。但中国公办大学与欧美发达国家大学相比，在很多人眼里洋文凭和留学经历更具有含金量，而中国部分家庭尚未有经济能力支付从高中就到国外高校学习的高额学费的情况下，就读于中外合作办学机构无疑会降低追求洋文凭的费用。因此，不用出国门就能接受海外大学教育，甚至是获得国外大学的本科或者硕士文凭，无疑是这一社会心理的反映。追求国外高等教育这一社会文化传统长期积淀于中国人的心理中，发挥着持久的作用，这对于中外合作办学机构来说，无疑提供了长期存在的社会基础。

尽管S学院的办学模式有别于S大学其他非中外合作办学的二级学院，但无论是在成立之初，还是当前的发展，都与公立大学S大学息息相关，离不开S大学的资金支持、政策支持和资源支持。S学院在面临生源等不确定性制度环境时，为增加可信度，不得不寻求模仿公办大学和澳大利亚UTS大学运作体系，利用民众信任公办高校和海外高校这样的制度范本，通过对中国公办高校的对接，尤其是澳大利亚海外高校同盟关系的建立和互动，从而获取"符号"和"社会资源"。例如，中国高等教育中外合作办学二级学院的校名基本上冠以××大学悉尼××学院（加上国外合作方的名字），就是要凸显中外合作办学的性质。更重要的是，中国人对学历或文凭非常看重，如果是洋文凭和海归，其身价将倍增。早期高等教育中外合作办学就读的学生，特别渴望获得与公立大学计划内学生一模一样的毕业证与学位证，1999年7月，S学院的99级专升本计划外国际商务金融班招生简章中写道：

S大学颁发的大学本科水平证书，同国家颁发的文凭在色彩、内容表达和制式上一致，……编号。

更为重要的是，如果是能获得国外大学的文凭的话，将极大地增加社会的认同感。对于中外合作办学中高考上三本或二本的学生，如果能通过S学院的学习后，再到澳大利亚高校获得本科文凭，甚至是硕士文凭，无疑具有很大的吸引力。因此，S学院在招生简章中特别强调中澳合作项目、海外留学直通车、海外师资、全日制普通211本科高校、国家承认学历等因素，迎合了部分家长和学生的社会心理要求。

由于高等教育中外合作办学产品服务的特殊性，普通民众很难判断其专业性，学生及家长对中外合作办学机构的评判标准依赖于公办大学和海外大学符号认同，这不但能给S学院带来工具性的资源，还带来象征性符号的文化认知，从而获得社会的认可与信任。因此，通过直属于公办高校，再加上政府对"高等教育国际化"、"走出去，引进来"的政策、"引进国外优质教育资源"的决心与行动，中外合作办学组织形态符合中国政府、广大学生和家长，甚至是用人单位的社会心理特点。S学院在招生策略上强调其海外项目对深造学习和就业的强大力量，非常符合中国学生，尤其是学生家长对孩子出国深造和到三资企业就业的希望，这意味着有一个好的就业环境和较高的薪水。S学院也在招生简章上罗列出了S学院学生海外就读大学的一览表，并以醒目的位置标明，主要还是为了增加社会的认同度。由于有S大学这样一个公办大学的支持，有了澳大利亚UTS大学的合作，也就有了S大学、澳大利亚高校的办学声誉和办学效益，所以S学院获得了社会的认同，自从2002年引进中澳双学位本科项目以后，其发展速度较快。

20世纪90年代，中国公立高校教育经费投入不足，无法满足广大人民群众对高等教育多样化的需要，又囿于体制性困境而无法进行相应改革。因此政府鼓励中国大学可以自筹经费，尝试中外合作办学。一方面，中外合作办学机构实行收取高额学费的市场机制，缓解高等教育经费投入不足的困境;另一方面,在中国经济的高速发展下,越来越多的家庭可以支持高昂的学费,中国生源众多而西方国家大学生源萎缩,海外资本在经济利益的驱动下来到中国投资办学。国外高校、国外的教育公司纷纷与中国公立高校合作举办带有公办成分的二级学院,对中国学生具有很大的吸引力。

中外合作办学机构较好地满足了中国大学和外方合作方的利益,所以才有今天的发展之势,也只有更好地满足各方的利益需求,才能证明中外合作办学的制度合理性。

(二)政治合法性的获得

政治合法性问题是任何组织都必须要解决的重要问题。政治合法性,包括组织的宗旨、组织活动的意图及其所具有的政治意义被政府允许。

S学院在中澳合作办学过程中,始终保持着清醒的头脑,坚持组织的宗旨,达成政治上的共识,以此来加强中澳合作办学活动的政治合法性。中外合作办学机构,通过实行"走出去"与"引进来"双向结合的战略,满足了有条件的家庭对海外留学的需求。在2003年,教育部副部长章新胜指出,《条例》的颁布和实施,有利于扩大教育对外合作,满足了人民群众接受优质教育的需求。

中外合作办学被看作是创新了办学机制,是高等教育改革中的突破,丰富了高等教育供给,既满足了群众对高等教育多样化的需求,也拓宽了人才培养途径,获得了充分的政治合法性。在政府主管部门的大力推动下,高等教育中外合作办学以一种政治合法的制度创新的身份快速发展,除了新疆、西藏等几个省市之外,其他省市都有中外合作办学机构的存在。

(三)行政合法性的获得

行政合法性作为一种形式合法性,其获得形式是多种多样的,大致有机构文书、领导人的同意、机构的符号和仪式等(高丙中,2000)。2007

年,《教育部关于进一步规范中外合作办学秩序的通知》的指示精神是,第一,必须保证引进国外优质教育资源,特别是引进外方核心专业课程;第二,必须维护中外合作办学的公益性原则,严禁各种单纯追逐经济利益的现象发生;第三,必须保护教师和学生的合法权益,各地区必须依法办学,并维护教育主权。所以中外合作办学必须要有行政审批,中国教育部曾多次发文,各地教育行政部门和各高校高度重视,现在已经形成了地方和中央分级审批的格局。本科及以上高等教育中外合作办学学历教育,由设立机构所在省、自治区、直辖市提出意见,报请国务院行政部门审批;而高等专科教育和非学历教育,由举办项目所在地省、自治区、直辖市人民政府教育行政部门批准,并报国务院教育行政部门备案。

在 S 学院中澳合作办学的早期阶段,为获得行政合法性,S 学院所有的合作办学项目如国家计划内中澳双学位班、自主招生等项目都是国内最早通过教育部批准的。国务院学位委员会办公室于 2002 年 9 月同意了澳大利亚 UTS 大学合作实施国际经济与贸易、工商管理、信息管理与信息系统三个专业的学士学位教育。2002 年起按照国际计划统一招生的学生完成学业者,在合作办学协议的有效期内可授予澳方学位。在招生和培养等过程中,实行和完善竞争与淘汰机制,坚持标准,严格要求,保证质量。要注意消化国外教材,借鉴国外的有益经验,提高自身的办学水平,努力提高合作办学的质量和效益。中外合作办学监管工作信息平台上可以查询机构是否获得审批。如招生网站上公开了中华人民共和国教育中外合作办学监管工作信息平台和上海市教委网站地址以供查询。S 学院的招生简章上印有相关部门颁发的许可证和基本情况。苏力(1999)指出,行政合法性还在于某一级单位领导以某种方式(允许、同意、支持或帮助)把自己的行政合法性让渡或传递过来。他们参与的方式是很灵活的,却是有实际效果的。S 学院在中外合作办学认证授牌仪式中,与上海教委、上海市教育评估员等行政组织有了密切的联系,当 S 学院没有行政系统参加活动时,这种联系就成为它社会活动合法性的护身符。S 学院无论是在成立挂牌,或者中澳双学位开学典礼、毕业典礼时,都会邀请政府部门参加或者由有关领导颁发学位证书。政府官员参与S学院开学典礼、挂牌仪式等活动的照片、视频等，被视为一种行政合法性的符号，作为S学院行政合法性的一种标志。

（四）法律合法性的获得

所谓法律合法性即合法律性，是在国家法律层面具有存在的合法依据。中外合作办学机构作为一种具有体制与市场双重优势的办学实体，在刚刚出现的时候，就不断采取各种措施来加强它的社会合法性、政治合法性与行政合法性，但在中国当时的高等教育法律系列之中并没有自己的位置，并不具有法律合法性。为了保证中外合作办学的可持续发展，对其不规范的办学行为进行必要的规制，国家从法律层面对这个新生事物进行了立法。

中国中外合作办学走过了30年的艰难探索，逐步获得了法律合法性。根据《中华人民共和国教育法》《中华人民共和国职业教育法》《中华人民共和国民办教育促进法》，中国政府于2003年颁布了《条例》，规定中外合作办学属于公益性事业，是中国教育事业的组成部分。所有这些法律的颁布使中国有关中外合作办学的规则和政策更加规范、透明。这样中外合作办学机构的地位得到了肯定，组织发展走上了一个健康的发展阶段。

第三节　制度环境下S学院的发展策略

中外合作办学所置身的最大社会环境是转型的经济社会。改革开放以来，我国高等教育制度发生了深刻的变化，办学体制的改革打破了以前的格局。S学院属于211大学举办的中外合作办学二级学院，受政府管理，制度环境合法性要求比较高。

一、达到政府监管要求

中外合作办学出现之初，政府保持积极慎重的态度，以我为主，加强管理、依法办学,到 2003 年,提出"扩大开放、规范办学、依法管理、促进发展"的合作办学方针。中国政府鼓励中外合作办学的核心是引进国外优质教育资源,认为只有扩大开放,才能更好地使中国高等教育发现自身的优势和存在的差距,才能发展中外合作办学,以我为主,为我所用。

中外合作办学 S 学院,在招生计划、收费标准、人力资源、毕业分配等诸多事情上都要同政府机关打交道,受到政府的监管,为了取得合法性,S 学院必须要达到这些要求和限制,法律的约束和政府的要求是强制的,S 学院要调整自己的组织结构和行为模式来达到这些要求。

S 学院按照规定参加 1996 年和 1997 年上海市教委的年审,填写了《上海市中外合作办学年度报告书》,介绍了机构名称、合作方名称、专业、办学地点、资金等学校基本情况。2000 年,上海市教委发文,决定对市教委和教育部审核同意的与外国的机构或个人,与中国香港、中国澳门、中国台湾地区的机构或个人举办的合作办学机构和项目合法办学许可证进行年检,凡年检合格的允许继续办学,凡年检不合格的按有关规定做出处理。随后 S 学院通过了上海市教委 2001 年年审、2002 年年审、2003 年年审、2004 年年审(延长许可证)。由于 2003 年《条例》的颁发,2005 年教育中外合作办学机构(项目)复审,S 学院按照复核要求,撰写了复核自查报告,填写了复核表格,准备和补齐了佐证附件。但是 S 学院复核结果为:专科学历,有条件通过,协议不够规范;切身解决聘请外教问题;根据教育规定,现有三个本科三个专科应分开申报。S 学院分别按本科、专科两个办学层次重新申报,以取得两种层次的办学机构许可证,硕士教育按项目申报。针对政府指出的 S 学院办学中存在的问题,S 学院逐个解决,并做了解释。

S 学院计划外招生已有 10 年历史,2005 年教育部复核回复指出:对于计划外招生不能发放国外文凭证书。在 2005 年办学复核后三年,2008 年第一批上海市通过复核的中外合作办学机构和项目名单中 S 学院不在其中。由于专科教育管辖权在地方,随后,S 学院按照上海市教委的规定,按照专科机构进行申报。经过 2009 年复核,S 学院最终通过了教育部第二批中外合作办学机构的复核,也适应了政府对中外合作办学的规定和要求,并参加了上海市教委的中外合作办学认证,成了首家通过质量认证的机构。

二、不确定环境下的模仿与创新

新制度主义认为,模仿是制度环境不确定性下的行为和做法,可以分为制度模仿和竞争性模仿。所谓制度模仿有一个合法化机制,大家都承认社会中某些组织的形式或做法是好的,合情合理的。竞争性模仿则是指在巨大的竞争压力下模仿自己的竞争对手。所有大学组织都有一个共同的组织目标,即使提供教育服务,这个目标也比较模糊。因此,S学院的基本目标同其非中外合作办学二级学院的目标一样,也是组织教学活动或者是提供教育服务。对于S大学其他非中外合作办学二级学院来说,S学院组织资源如校舍、教室和学生宿舍、图书馆等由S大学提供,但是组织的运作经费主要依靠学生的学费,S学院想要发展壮大,就必须多招收学生,尤其是多招收自主招生的海外直通车项目的学生,通过计划外学生学费收入来实现收支平衡并有结余。

S学院的外部环境包括政府政策、公办高等学校二级学院,尤其经济和管理学院,其生源、就业市场和澳大利亚合作伙伴等因素对于S学院的影响是不确定的,很难预测到这些因素的影响结果,S学院模仿对象可能是国内成功的商学院或其他成功的中外合作办学机构,更多的是模仿国外大学成功商学院尤其是澳大利亚UTS商学院的组织结构和行为模式。S学院的模仿首先表现在教学设施上,如S学院的教学设施、办公室等装修布局尽量与澳大利亚UTS大学Insearch学院和商学院相同,整个学院的门牌和公告牌等都是用中英文并用,有的只使用英语,以显示国际化的氛围。

在招生的方法上,刚开始只有少数中外合作办学机构到每个省市参加招生说明会,如今基本上所有的组织每年高考后都要去参加招生宣讲会,成了一种惯例的招生方式。在中澳合作办学学生毕业分配上,各个中外合作办学机构都将毕业分配放到重要地位，比如建立实习（实践）基地，S学院与上海隧道股份有限公司签订了实习协议。S学院会主动召开招聘会，邀请国内外公司来学院招收员工。尽管S学院是与澳大利亚高校合作的，但是它并不排斥与欧美其他高校合作，如交换生项目、学位项目。这些行为模式的模仿是学校相互学习、相互自觉的模仿，是面对不确定环境下理性的选择。在作为211大学S大学定位为教学研究型大学的时候，S大学非中外合作办学的经济学院和管理学院将科研作为教师考核重要指标的时候，S学院作为教育部定位的本科教学单位的中外合作办学机构，也越来越注重科研。

S学院模仿西方students service center学生管理办法，以信息咨询、周到服务、科学引导代替原来传统管理，处处以学生为本。信息咨询部（information and counseling center）集就业与留学咨询、心理、学业与学术咨询、校友会功能于一体，采取师生面对面的平等、互动交流形式，以科学、现代的教育方法、教育生态环境，促进教与学的良性转化，为学生的学习、学术指导、缓解心理压力、顺利学习就业或留学等提供人性化、一站式的信息咨询和帮助。

S学院创新了教育教学模式，主要体现在引进澳大利亚双学位核心课程上。中澳双学位制由中澳双方大学的课程组成，在保留了国内主要的专业课必修课的同时，充实了澳方的整个专业核心课程，使专业核心课总量得到了扩大。每个专业的课程设置由4部门组成，即公共基础必修课、学科基础必修课、选修课、实践课程。教学方式上也有创新，比如专科阶段的专业课引进了UTS大学Insearch学院的商务基础课，采取"三明治"的教学方式，即每门课程除提供原版教材外，还提供了一本相关的中文教材，中方教师按教学大纲要求授课；澳方教师做短期讲学，进行案例教学；中澳双方教师联合命题考核；最后为学生们提供一本课程的中英文对照词汇表。

三、办学理念分歧下的博弈与平衡

中澳双方办学分歧首先体现在办学宗旨上。S学院创办之初,S大学的本意是UTS大学建立起对等的两校合作关系,但由于此次办学的发起和积极倡导者是UTS的Insearch语言中心,UTS大学本身没有加入。Insearch学院在实际管理上具有相对独立性,是一个专门从事海外学生教育的市场化机构,其目标是将英语培训和初级高等教育输往中国,在境外完成培训,然后向澳大利亚国内和UTS大学输送海外留学生。因此筹备之初,中澳双方就在办学思想上有一定的差距。S大学办学的初衷是建立一所具有国际化特色的直属学院,引进优质教育资源,以此探索和促进全校的教育国际化。S大学在办学之初的各种场所和申报文件中一再强调S学院是S大学二级学院,将为学生提供学历教育和非学历教育。但是澳方在最初办学意向书中的定位是共同建立一所初期以开设国际升学英文、国际商务英语、国际测试英语及皇家剑桥英文教师文凭和语言教育研究生文凭课程为主,逐步过渡到开设各种专业学位课程的国家合资学院,突出原则上攻读学位课程的学生先在中国接受用英文教材讲授的基础课程教育,然后进入澳大利亚完成专业课程的学习。

四、文化冲突下的调适与融合

中外合作办学过程中不容回避的一个问题就是文化冲突,文化冲突具体表现在两个方面:一是管理和教育理念上的冲突。S学院在发展过程中,碰到了所有中外合作办学中遇到的文化差异的问题。中国和澳大利亚分属于不同文化,必然存在许多不同之处,所以教育理念、教育思想和管理的理念也不尽相同,继而体现在教育行为上的差异。由于中外合作办学的文化差异,为更好地辅导学生适应学习生活,S学院设置了信息咨询部、学术导师咨询室、就业与留学咨询中心、学业咨询室和心理咨询室等帮助新生适应学习和环境问题,学生获得了"一站式""系统性"的指导和服务,逐步适应了S学院的学习氛围。

二是教学行为上的冲突。中国文化中,崇尚集体主义至上,中国高等教育重视集体价值,个性的发展往往被忽视,而西方社会强调个人价值,忽视集体价值。这两种冲突必然体现于教学过程之中,中澳双方授课方式和师生关系有了较大的差异,这也是中外合作课程中最常见的明显的冲突之一。中国教师的课堂往往逻辑性较强,老师讲得多。而国外教师课堂采取互动的教学方式,但中国学生却非常不适应这种互动性强的教学方式,学生难于从课堂中学到知识,专业课程有时候是语言培训课。

S学院充分利用与国外大学的合作优势,选送教师出国进修,吸收国外先进的教学理念及先进的教学方法,强化英语能力和跨文化沟通能力,至今在澳大利亚接受过培训的教师已占总数的一半以上。S学院还专门制定了教师培训实行条例,与进修教师签约,明确出国进修或攻读学位的要求及应当达到的目标。根据协议,与UTS商学院教师一起遴选符合双方要求的教师到澳大利亚接受核心课程的教学培训,担任UTS本部的助理教师或任课教师,从事UTS本科生的专业教学,回国后担任双学位课程的教学工作,并负责国外的本土化课程。

关于外籍教师到S学院教学的适应问题,所有的外籍教师在上岗之前可参加CELTA(Certificate in English Language Teaching to Adults),这是英国剑桥大学针对以非英语母语人员为教学对象的教师培训,主要培训境内外从事英语教学的外籍教师和部分境内中方教师。S学院通过CELTA的培训,提高了外籍英语教师的教学水平,对任教于S学院外籍教师如何组织课程与教学、结合中国本土学生的实际情况适当转变和调整教学方法进行了培训,使其课程内容和形式与中国国情相结合以实现本土化。

第四节　技术环境下S学院的发展策略

组织在不同环境多重压力下开展活动,既要适应制度环境的要求,又要追求技术环境的适应。S学院所面临的技术环境是指在办学过程中所面临的环境,即 S 学院办学过程中与其他中外合作办学商科项目甚至是非中外合作办学学院商科专业变化所构成的环境。S 学院作为一个从事中澳高等教育合作办学的组织,在追求组织技术目标的过程中,必然时时面临技术环境变化给组织的发展带来的压力。

一、S 学院技术环境的变化

S 学院自成立以来,其办学项目经历了由低层次到高层次,由计划外到计划内稳步发展的道路。具体来说,1994 年,S 学院的办学项目为:计划内国内专科学历教育(设 1 个专业),计划外国外专科教育(设 3 个专业)和语言类培训。自 1998 年起,S 学院向本科教育发展,实行单一国内学历;2002 年本科教育走向中外合作化,实行中澳双学位制;2006 年,在与校内其他学院联合培养多年的基础上,S 学院开始招收硕士研究生,颁发单一国内学位,并开拓了包括 UTS 在内的国外合作渠道。S 学院成立的时候,正是上海浦东开发和出国潮流行的时候,契合了当时技术环境,但是最初 S 学院中澳合作办学是教育领域的新生事物,办学起点比较低,被归为社会力量办学,其办学初衷就是对高等教育的创新。

1999 年,国内计划外生源市场发生了很大的变化,由于实行春秋二次招生、高校扩招、民办院校兴起并实行学历国家认定制、合作院校和自学考试辅导、夜大学、电视大学等成人教育纷纷瞄准落榜生市场,因此 S 学院面临严峻的生源危机。此外,由于就业市场对人才的需求层次上移,计划外学生在国内就业出现困难,许多学生不满足于两年的专科学习,他们希望继续提升自己,以便在激烈的就业竞争中争取优势。

1999 年在计划外招生中,学院的前 6 天报名人数与 1998 年同期相比出现大幅下降趋势。1998 年招生的前 6 天,前来咨询报名名额的学生为 1 108 人,1999 年则下降为 755 人,生源质量也相应下降。一直以来,S 学院以抓生源为重点,面临环境的变化,不得不寻求中澳高层次的合作。

招生和就业对于学院的发展尤其重要,学院要生存发展,就必须面临市场的竞争,技术环境的变化对于组织的生存发展至关重要。

二、准市场化运作：组织公益形象的建构与控制

尽管中外合作办学在创立之初是为了满足群众多元的教育需求，实行了高收费的市场化运作机制，但是社会和公众把中外合作办学机构仍然看作是高等教育机构，对其有教书育人的社会期待。S学院面临合法性危机，采取设立奖学金和参加公益互动策略，建构了一个公益性的组织形象，实行对技术环境的控制。

S学院积极推行奖学金和留学奖学金制度。在学生学习期间成绩优秀者可获得金额不等的奖学金，并为出国继续深造的学生提供留学奖学金。留学奖学金由学院从每届专科优秀毕业生（计划内和计划外）中选拔产生，每年按照学生类别比例由董事会决定名额，选送5名左右学生赴澳大利亚进行深造。2004年，学院授予奖学金的中心逐步转移到鼓励计划内本科优秀毕业生出国攻读硕士学位。董事会决定：采用国外大学UTS的名义，实质是由S学院出资的方式来提供奖学金，每位获奖者将获得2万元人民币奖学金。2008年，澳方为鼓励学生赴UTS学习，Insearch学院决定每年拨出30万澳元用以鼓励S学院学生赴UTS攻读学士学位或硕士学位。自1996年首届学生毕业以来，至今已有百人获得该奖，赴澳大利亚留学的绝大多数学生已经获得澳大利亚UTS的学士学位，有的已获得或正在攻读硕士和博士学位。S学院在和澳方大学合作过程中，更好地符合公众对高等教育的期待，吸引了更多的学生，同时也利用奖学金政策树立了良好的公众形象。

S学院历来重视组织公益形象的建构，在S大学号召下，经常开展形式多样、内容丰富的活动服务社会，如上海国际艺术节、APEC会议、2007年特奥会、上海F1国际赛车比赛、奥运会、世博会等影响较大的活动，S学院通过一系列措施参加社会公益活动，树立了良好的社会公益形象。S学院非常看重公众对中外合作办学机构的合法性期待，这其实也是其适应环境、刻意塑造形象的需要。

三、适应技术环境:开拓多样化办学项目

(一)齐头并举,开展学历教育和非学历教育

S学院成立之初,由于原上海市高等教育局与上海市教育局根据市政府规划,合并成立了上海市教育委员会,原先的部门职能有了新的分工,属于国家计划内的学历教育划归高教办,非国家计划内的教育统属社会力量办学,由成教办管辖。S学院由于同时具有学历、非学历教育,又是中外合作办学行政,因此在开展非学历教育和进一步发展上不时会出现一些如相关政策、监理渠道、收费、广告、项目申报等边缘性问题,给办学带来了一定困难。S学院计划内招生归属上海市教委高教办,计划外非国家学历教育此时尚未归教委成教办,所以由市教委国际交流处监管。1996年,计划外非国家学历教育划归上海市教委成教办管理之时,S学院申请了"上海市社会力量办学许可证",特将机构名称改为上海S学院,使之有别于S大学S学院,以利于S学院从事非合作办学类教育。为达到扩招目的,S学院采取了一系列措施:在上海S学院名义下,引入了国家认可学历的承认自学考试项目,准备开设MBA硕士课程班,在上海宝山区吴淞设立了分部并洽谈到广州、无锡等地进行异地办学,力求在计划外非学历教育中发展自己。

S学院是在特殊情况下形成的特殊现象,自成立以来,一直作为S大学S学院进行非学历教育的上级认可机构,从事S大学S学院不拟开展的某些办学项目,从1996年学院成立到2001年事实终止,其真正运作时间不长,主要办学始终限定在社会力量办学所允许的范围内,主要开展自考助学。S学院为了适应市场需求,两块不同的牌子,一套人马,目的是在竞争中获得优势地位,发展办学。

(二)引进本科核心课程,开展中澳双学位本科项目

1999年,由于普通高校扩招,加上高等职业技术教育的兴起和其他中外合作办学院校、民办院校的改革调整所带来的竞争,S学院原来在社

会上招收非学历学生的优势已不明显了。为此,S学院采取以下对应措施:积极取得上海市教委的批准,把S学院计划外自主招生纳入上海市高等职业技术教育范畴,以取得国家承认的高职文凭;扩大招收外地学生比例,以缓解上海地区招生压力,引进UTS IIC全部专业,1999、2000年度先行开设专业外的六个专业,即除了保留原开设的国际贸易、国际商务管理、国际财会三个专业外,新增信息技术、旅游管理、交流传播三个专业。这些举措可以吸引更多的高中毕业生,同时因专业数目的扩大,也可避免同专业学生就业时的自相竞争。学生可以根据自己的意愿,选择同时注册为S学院和IIC学生,或仅注册为S学院学生。

2001年4月,99级专升本国际商务专业及金融专业的学生联名向学院提交了协商书,就毕业时获得的证书和学分与UTS接轨事宜提出了强烈的要求。根据学院录取时学生、家长签署的"关于证书颁发、缴纳学费等事宜的说明"解释;学生完成学业、成绩合格可获得S大学颁发的大学本科证书约定,学生要求在证书制作中仿照国家毕业证书。此外由于1999年7月S学院本科课程班招收简章中写有:本项目将分为二个阶段,每一阶段历时一学年,每一阶段学习结束均能获得相应证书,且每一阶段结束后均能转去UTS大学继续学业,所修学分可得到承认。一些学生理解成本科阶段所取得的学分在UTS都可以得到确认,但他们从UTS Insearch上海公司得到的信息是,UTS大学对此是不承认的。学生要求院方与澳方协商,颁发澳大利亚本科证书,承认学分,如不行,尽快与阳光海岸大学合作,使学生转入阳光海岸大学学习硕士课程,否则赔偿学生1万元,对出国读硕士学生支付一半的国外学分。学院对此作了专门研究,制定了关于本科课程班有关问题的解答。由于处理及时,学院最终说服了这些学生,使事态趋于平息。

尽管事态平息下来,但S学院也认识到计划外专升本的学生某些要求也正是中澳双方需要认真对待的,发展中澳本科双学位教育,这是S学院面对市场环境必然的选择。由于S学院的积极推动,第九次董事会后,中澳双方进入了良性互动的合作期。澳方Insearch学院认识到中方的关注的合理性,澳方承认:S学院如果继续停留在目前的办学层次和水平,必将难以生存。推动UTS商学院的加入,提升办学层次,已不是中方单方面的事,而是双方势在必行的事情。Insearch学院主动与UTS商学院、信息技术学院等进行了联系,引进本科专业课程和学位,推动合作办学的进程。S学院与UTS商学院进行了本科阶段的合作,通过引进课程,取得UTS商学院认可的学分,进而讨论取得UTS商学院学位的办法。在新一轮合作中,UTS商学院将派专业教师来S学院做短期教学,在两周内主讲一门专业课程,并负责该课程的考核。UTS商学院考虑认可S大学的学分作为学生第三学年的学业,最大认定限度不超过三分之二。随后双方签署了S学院合作办学十月备忘录。双学位的引进,是S学院中澳合作办学的里程碑式的事件,较好地符合了当时的技术环境的需求。

随着双方进一步的磋商和谈判,S学院引进中澳双学位本科班的具体事宜也取得了重大进展。为早日取得国家对引进的本科教育和学位予以认可,S学院以S大学名义发文"关于申请颁发澳大利亚UTS大学学士学位证书的请示"。此后,学院多次走访教委领导和国务院学位委员会办公室,并得到顺利回复:2002年6月19日,国务院学位委员会办公室发文"关于同意S大学与澳大利亚UTS大学合作实施国际经济与贸易等专业学士学位教育的批复",同意S大学与UTS合作实施国际经济与贸易、工商管理、信息管理与信息系统三个专业的学士学位教育,自2002年起按国家计划统一招收的学生对完成学业者,在合作办学协议的有效期内可授予澳方学位。同时澳方的申报工作也在积极进行。2003年初,UTS校长通报了双学位项目的申报进展,此事已在校方学术评议上原则性获得通过。2003年12月,中澳双方正式签署有关在S学院实施本科双学位教育的"合作办学项目实施协议书"。首批双学位学生开始上课,于2006年毕业,首批111名学生获得S大学和UTS大学两个学士学位证书。

澳方也充分认识到组织的发展必须提高办学层次,所以大力加快双学位在其内部程序的通过,以便双方的合作更加顺畅。自此,S学院的中澳双学位引进取得了成功,形成了独具特色的课程体系。双学位的课程由S大学一门基础课和四门专业课程、UTS商学院三门专业核心课程以及UTS Inseach学院的一门语言课和两门商业基础课构成。自此,中澳本科双学位本科项目的引进,标志着S学院的办学项目走上较高层次,逐步在技术环境中确定了优势地位(见图5-2)。

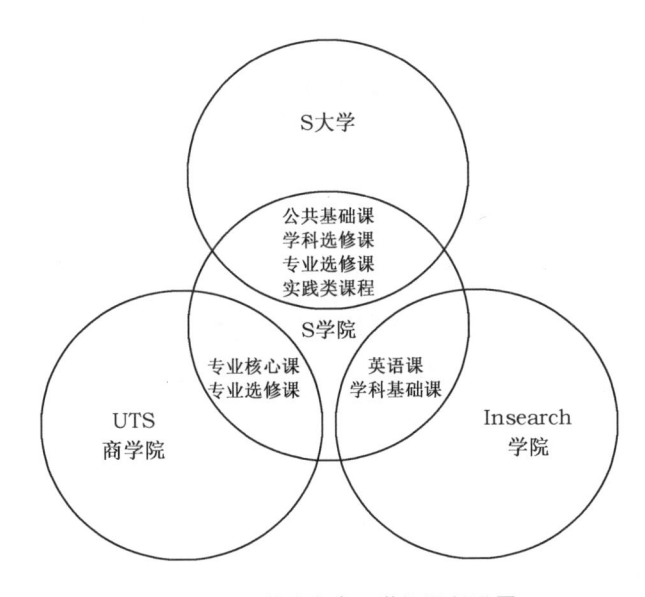

图5-2 S学院中澳双学位课程设置

(三)拓展国家统招和国际研究生项目

2005年,经S大学综合评估,确认S学院已经具备培养硕士研究生的能力,并获准于2006年独立招收硕士研究生,开设世界经济、管理科学与工程两个专业。2006年9月,S学院首次独立招收了13名硕士研究生,招生专业为世界经济和管理科学与工程,这是S学院研究生招生培养历史上重要的开端。2007年,硕士研究生专业和招生人数与2006年相同。2008年,S学院的研究生招生专业已增至3个,分别是金融学、国际贸易学和企业管理,招生人数为14人。2009年9月,S学院招收专业不变,招收了17名硕士研究生。自2007年9月起,S学院与S大学外国语学院联合培养研究生,拓展了培养专业,S学院教师作为外国语学院硕士研究生的导师,专业为澳大利亚研究。2012年新增全日制金融专业硕士,实行双导师制。2015年获批2个中澳合作硕士专业,2016年,在已获批的3个中澳合作本科专业基础上,又获批1个中澳合作本科专业,新增交叉学科博士研究生,学院首位博士研究生入学;新增SHU-UTS工程管理硕士;新增全日制会计专业硕士。2017年5月S学院停止了高等专科教育和外国文凭教育。2017年新增非全日制会计专业硕士研究生。2019年新增非全日制金融专业硕士研究生,新增SHU-UTS金融硕士。2022年,与UTS可持续研究院联合培养博士项目获批并正式招生。至此,S学院形成了学士、硕士、博士三个学历层次相贯通的中澳合作培养体系。

(四)实行国际化战略,开展国际学生教育

S学院除了致力于中国学生的培养外,还积极实行国际化战略,参与S大学留学生的培养。在2004年前,S学院对留学生的培养尚处于零星培养、未形成规模,曾先后培养过印度尼西亚、越南、法国等国的留学生,与中国学生同班学习,全英语授课。自2005年起,S学院在接受S大学国际交流学院推荐的长期留学生的同时,注重开拓与国外高校学生的互换交流,当年招收法国硕士生16名,进行了为期三个月的学分课程学习,中外教师全英语执教,课程由双方共同商定。此外,S学院还有10位导师,作为S大学国际交流学院11名外国留学生导师,指导外国留学生完成在中国的硕士研究生专业。根据交换原则,学院每年接受来自S大学国际交流学院自身和S大学开发的中外高校学生交流的外国留学生。S学院亦积极开拓渠道,与国外高校洽谈合作,努力扩大S学院的国际学生教育规模,提升教育层次。同时,这项措施使S学院获得了赴对方院校短期学习的机会。

四、教育质量控制：获取质量国际认证

中澳合作办学项目的质量保障一直是 S 学院技术环境的重要目标。所以 S 学院一直非常重视质量保障，质量保障体系主要有内部监控体系和外部监控体系。外部监控体系主要是政府，其对组织技术的发展有着重要的影响，所以与政府的沟通，符合政府的要求，成为 S 学院合作办学必须要做的事情，这是中澳合作办学活动顺利开展的重要保障，也是中澳双学位项目和留学直通车项目能够继续推广的必备条件。S 学院非常注重内部质量保障，并与外部环境如政府、澳大利亚评估机构、澳大利亚合作方进行互动，创造有利于发展的技术环境。

（一）构建组织内部的质量控制体系

S 学院建立内部机制，主要由学院董事会、院党委、院聘专家组、学术委员会、院务会议、教学管理部、双学位项目管理小组、Insearch 项目管理小组、各专项监控小组等组成。除了董事会、三级会议制度、行政、教学职能部门、学术委员会等具有内部教育、办学质量监控职责外，学院还有几个常设的质量监控机构：(1)双学位项目管理小组。由 UTS 商学院和 S 学院教师组成，专门负责对双学位课程的教学进行教学和质量把关，由学院执行院长、教学副院长、双学位课程主任、UTS 副校长、UTS 商学院副院长、UTS 商科课程主任、UTS 国际发展主任、UTS Insearch 学院执行总裁以及 Insearch 运营总监等组成。(2)项目管理小组。由 UTS Insearch 学院和 S 学院教师组成，专门负责专业基础课的教学和质量把关(由学院执行院长、教学副院长、英语教学副院长、市场部主任、Insearch 课程主任以及来自 UTS Insearch 学院的委员会教学负责人、商科课程负责人、学术委员会主席等组成)。(3)论文质量管理委员会。由教学管理部工作人员和教师代表组成。具体成员包括教学管理部主任、各个教研室主任及教务工作人员。工作职责：负责商议和制定学院关于本科生和高职学生毕业论文的相关制度和规定；负责组织学院本科和高职学生的毕业论文的开题、初稿审核、答辩和成绩评定的组织和审核工作。(4)成

绩管理委员会。为了有效进行学生成绩的管理工作，S 学院在 2005 年 9 月成立了成绩管理委员会。具体成员包括教学管理部主任、课程主任、教研室主任。该委员会负责学生成绩投诉的核实和审核，教师成绩问题的了解和追究处理等事宜。(5) 专项监控小组。此类监控小组根据需要灵活设置，通常负责对一个专项的监控，如论文、考试成绩、校风学风、教师晋升、奖惩等。

由此，S 学院构建了内部质量保障体系，分为 9 个控制小组，其中联合管理委员会对办学进行宏观调控；党组织主要负责中国教职工和学生的思想素质与遵纪守法的督导；学术委员会对教学科研的资源质量进行监督等(见图 5-3)，自此 S 学院从各个方面保障了办学质量。

(二) 首家通过全国中外合作办学质量认证

随着教育国际化，教育认证为越来越多的国家和教育机构及社会所肯定，并逐步走出国境，发展为跨国认证。教育认证本身不仅是检验教育质量保障的重要手段，同时也是国际学历互认、学分转移的凭证和办学机构国际地位的标志。S 学院正是认识到中外合作办学质量认证的重要性，主动要求接受上海市教育评估院对上海市中外合作办学认证。2006 年 12 月 28 日，上海市教育评估院中外合作办学认证委员会召开专题会议，审议并表决通过了中外合作办学认证办公室提交的"关于上海大学悉尼工商学院认证的综合报告"。上海大学悉尼工商学院作为国内最具代表性的合作办学机构成为全国第一家通过国家教育权威办学质量认证机构认证的中外合作院校。S 学院通过良好的认证结果与评价，树立了学院的公众形象，提高了知名度和社会影响，为毕业生走向社会营造了宽阔的发展环境；同时为配合上海市教委建构具有中国特色、与国际接轨的教育认证体系，为中国中外合作办学机构的办学质量、办学水平提供了可供普遍参照的标准，为其实行中澳合作项目技术目标创立了良好的环境。

(三) 通过澳大利亚质量审计署(AUQA)质量评估

澳大利亚大学质量审计署(The Australia Universities Quality A-

第五章 中外合作办学学院的发展策略 115

联合管理委员会	→	对办学进行全面宏观调控（人员机构、办学质量、发展计划、财政状况等）
学院党组织	→	对贯彻国家教育方针、遵纪守法进行督导
		对教职员工和学生的思想素质进行督导
院聘专家组	→	观察学院办学情况
学术委员会	→	对教学、科研及引进的教育资源质量监督
院务会议	→	执行管理委员会决议、把握办学质量
教学管理部	→	对学院教学全过程进行监控
双学位项目管理小组	→	对UTS商学院引进的课程进行质量把关
Insearch项目管理小组	→	对Insearch引进的课程进行质量把关
各专项监控小组	→	对论文、试卷、学风、奖惩等进行监控

（右侧汇总：对教工和学生的思想素质进行督导）

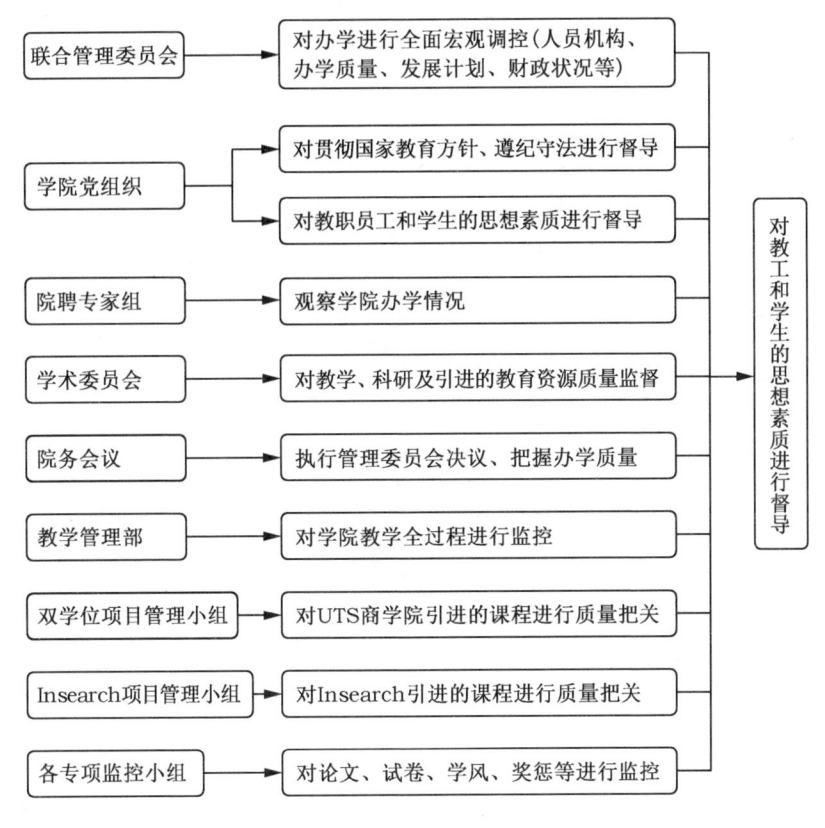

图 5-3　S 学院内部质量保障体系图

gency，AUQA）2000 年 3 月由澳大利亚教育、培训与青年事务部（MCEETYA）成立，是监控、审计和报告澳大利亚高等教育质量保障的独立的国家质量保证机构。根据澳大利亚教育署（IDP）的规定，澳大利亚高校都要定期进行办学质量审计，相当于中国教学质量评估，其中对各高等院校在海外合作办学和合作科研项目是一项重要的评价内容。S 学院作为 UTS 最重要的海外合作项目，与 UTS 本部同步接受相关的办学质量评审。

AUQA 审计的具体实施步骤为：(1)由被审计大学进行自我评估并写出自评报告；(2)AUQA 组织专家审核自评报告，进行初步评议；(3)到学校审核大学自评报告的真实性，访谈相关的学校人员；(4)到海外校区或办学点进行审计；(5)起草审计报告并与大学交换意见；(6)书面通知被审计的大学，并通过互联网向全社会公布审计报告；(7)大学根据审计报告中指出的不足，提出整改计划并报 AUQA，同时 AUQA 跟踪大学整改情况（一般3—4个月）；(8)在互联网上公布大学整改进展情况。2009 年9月，AUQA 第一次出具对 UTS 大学 Insearch 学院的质量评估报告，对海外合作项目提出了建议，通过澳大利亚质量审计署对 S 学院中澳项目的评估工作，S 学院获得了澳大利亚的质量认可，海外办学项目声誉日益提高，有利于其技术目标适应环境。

（四）获得为期最长的 AACSB 五年认证

AACSB 认证代表着全世界商学院的最高成就，通过严格和全面的评估取得认证资格意味着对其质量和发展前景的肯定。AACSB 的商学认证程序包括具备成员资格、预审、初审和保持认证资格的审核四个阶段。并非所有 AACSB 会员单位都取得了 AACSB 认证，只有达到认证标准的会员单位才被称为认证会员单位，全世界仅有不超过5%的商学院取得了这项精英认证。2020 年，经 AACSB 首次认证委员会(IAC)和理事会(Board of Directors)批准，S 学院通过 AACSB 首次认证，为期5年。这标志着 S 学院在教学、科研、社会服务领域取得了长足进步，向着国际知名商学院的目标迈出了重要一步；这标志着 S 学院成为全国首家本科层次通过 AACSB 认证的中外合作办学机构，S 大学成为全国首个通过 AACSB 国际认证的地方 211 高校。AACSB 执行副总裁兼首席认证官 Stephanie M. Bryant 来信表示：

S 大学 S 学院为获得认证而付出的努力，生动反映了学院自强不息、追求卓越的精神，学院对他们的学生、校友和商业组织作出了重要奉献，更对整个高等教育行业、商科教育和国际化教育作出了贡献，通过认证意味着学院今天的学生将成为明日的商业领袖。成功加入 AACSB 认证院校，将对其持续拓展国际影响力产生深远影响。

第六章 中外合作办学大学的发展策略
——以X大学为例

第一节 个案介绍

一、个案的代表性

与中外合作办学二级学院相比,具有法人资格的中外合作大学数量少得多,但却代表了高等教育中外合作办学的高级组织形态。它实质上就是一所完整的、具有独立地位的高校,更具有稳定性和持续性,可更多地引进国外先进的管理方式和教学方式,更具有广度和深度。在教学方式和课程设计上,具有法人资格的中外合作大学对国外优质资源的引进和运行也更加广泛,影响也更加深入。选取X大学作为具有法人资格的中外合作大学典型案例,在于X大学成立时间比较早,历史比较长,办学规模最大,组织结构和特性比较稳定,具有一定代表性和典型性,有助于研究在复杂制度环境中和技术环境中的行动逻辑和发展策略。

二、中外方合作大学简介

(一)中方大学

中国J大学是我国最早兴办、享誉海内外的著名高等学府,是教育部直属重点大学。学校是"七五""八五"重点建设单位,首批进入国家"211"和"985"工程建设学校。2017年入选国家一流大学建设名单A类建设高校,8个学科入选一流建设学科。2022年入选国家第二轮"双一流"建设高校,8个学科入选"双一流"建设学科。据 ESI 公布的数据,截至 2022 年 9 月,中国 J 大学 17 个学科进入世界学术机构前 1‰,5 个学科进入前 1‰,工程学进入前 10。X 大学是涵盖理、工、医、经、管、文、法、哲、艺 9 个学科门类的综合性研究型大学,设有 31 个学院(部、中心)、9 个本科书院和 3 所直属附属医院。现有在编教工 6 660 人,其中专任教师 3 810 人。学校现有学生 51 098 名,其中本科生 21 421 名,研究生 26 609 名,留学生 3 068 名;本科专业 90 个、博士学位授权一级学科 36 个、硕士学位授权一级学科 43 个、博士专业学位授权点 6 个、硕士专业学位授权点 29 个、博士后流动站 30 个、国家一级重点学科 8 个、国家二级重点学科 8 个、国家重点(培育)学科 3 个、国家重点实验室 5 个、国家工程(技术)研究中心 9 个、国家工程实验室 1 个、国家国际科技合作基地 5 个、教育部哲学社会科学实验室 1 个,"一带一路"国际法治研究院 1 个,省部级重点科研基地 171 个。

(二)外方大学

英国 L 大学始建于 1881 年,是英国一所公立研究型大学、红砖大学起源地、罗素大学集团创始成员。1994 年,英国 L 大学成为世界著名的英国罗素大学集团创始成员之一,该集团包括 24 所英国最顶尖的研究型高校,是英国第一所建立建筑学、城市设计、生物化学、海洋学的大学,拥有英国国家海洋研究中心、约翰斯顿实验室等前沿机构,在医药学、建筑学、城市规划、环境学、理学、工程、计算机科学、法学、MBA 以及兽医科学等领域的教学研究名声卓越。

三、中外合作办学大学概况

X 大学是经中国教育部批准,由中国 J 大学和英国 L 大学合作创立的,具有独立法人资格和鲜明特色的新型国际大学。中国目前规模最大的中外合作大学,以理工管起步,拥有中华人民共和国学士学位和英国 L 大学学位授予权。2004 年 9 月,J 大学与 L 大学签订协议合作成立 X(国际)大学,2006 年学校正式成立,2010 年获准授予 L 大学研究生学位,

2012年教育部同意学校实施英国L大学硕士和博士学位教育。据2022年5月学校官网信息显示,学校设置17个学院,包括48个本科专业、44个硕士专业和16个博士研究方向在内的学位项目,形成了涵盖经济学、文学、理学、工学、管理学、法学和艺术学等学科体系。3个学科进入ESI全球前1%,分别为社会科学、工程学、计算机科学。本科毕业生同时获得中国教育部认可的本科毕业证书、学士学位证书和国际认可的L大学学士学位证书,研究生获得中国教育部认可的L大学研究生学位。

第二节 X大学合法性获得

一、合作的过程

英国首相撒切尔夫人上台后,英国教育经费拨款大为降低,英国大学纷纷向海外寻找机会,在全球发展多个校区,从而成了这一波教育全球化的先行者。新崛起的中国作为一个庞大的教育市场,一直被很多英国大学所觊觎。在信息不充分的全球高等教育市场中,中外高校间的合作在某种意义上是一件具有很大偶然性的事情,依赖于已有的熟人网络,英国L大学进入中国高等教育的合作机缘就在于中国J大学W书记和英国L大学F教授以及当地政府的大力支持。

2002年时任中国J大学W书记和当时的苏州市委书记提出了建设苏州分校的动议,苏州方面承诺拿出大笔资金,建设10 000名学生规模的分校。苏州市政府十分积极,在媒体上高调宣传,并且组织相关工作班子,开展实质性准备工作,但省委、省政府主要领导担心办学资源外迁最终不了了之。W教授在接任J大学党委书记后,考虑是否能通过中外合作办学的形式,把L大学引到苏州办学,既满足苏州市政府兴办高水平教育的诉求,又不致使J大学处于风口浪尖之上。W汇报了将终止在苏州办分校的行动,代之以中外合作大学项目,只是作为中外合作办学的中方合作学校,起的是一种中介作用,办学资源完全来自海外和地方政府,J

大学不会将任何办学资源转移至苏州,与此同时,还可从合作中学习先进的办学理念和模式,促进 J 大学和经济发达地区的产学合作,提升自身的办学水平。该报告获得了批准。

从外方来说,英国 L 大学专门派出了一个阵容强大的考察团,来中国对可能的合作伙伴逐一实地考察和讨论基本方案,最后决定选择中国 J 大学作为合作伙伴。2004 年 9 月,两校签订协议合作成立 X(国际)大学,办学地址定在苏州。

F 教授是 X 大学初创主要的见证人之一。作为英国 L 大学副校长,他参与大学的筹办,担任创办筹备办公室主任。在这一职位上的成功表现,使他成为 X 大学首任常务副校长(2006—2007 年)的人选。F 教授生于上海,考入清华大学,毕业后到剑桥大学留学,获牛津大学等离子体物理博士学位,是国际知名的等离子体物理学家和高电压技术专家。从 20 世纪 80 年代初,F 教授就每年访问 J 大学,鼓励中国教职人员访问英国 L 大学并接收博士研究生。他对中英两校的了解,以及与两所母校的紧密联系,最终促成了 X 大学这所全新中外合作大学的诞生。以下是 F 教授回忆 X 大学的创建过程[①]:

时间飞逝,我们即将庆祝 X 大学成立四周年。对于一所学校来讲,四年是一个短暂的时期;但对一所新成立的大学来讲,这又是一个非常重要的阶段——它是学校雏形形成的时期。在短短的四年时间内,X 大学已走出了有自己风格的办学道路,在中国,甚至在国际上,这种办学模式都受到人们的日益关注。在各级政府的强力支持下,在清晰的办学理念指导下,X 大学正稳步地向"世界知名的中国大学和中国土地上的国际大学"这一目标迈进。

我个人十分荣幸直接参与这所大学的诞生,并在 2006 年 9 月迎接首届学生入学。我们现在回顾这所大学的诞生过程,尤其是对这所大学的定位进行思考,会对 X 大学的继续发展起到积极的作用。当时,学校筹

---

① 文章应 X 大学校园杂志《Way to XJTLU》而作,后收录在《探路新大学:X 大学的故事》一书。

建小组务实的工作作风为大学今天严谨的教风与扎实的学风奠定了基础。

X大学是中国经济高速发展、经济全球化和教育国际化大时代背景下的产物。它成立的必要条件是两所母校领导及各级政府的创新魄力和胆识。另一个原因是英国L大学校长和中国J大学党委书记W教授共同意识到创办一所联合大学将是两校实施教育全球化战略的一个重要组成部分。

2003年3月,中国政府公布了《条例》,对中外合作办学的性质、目的及申请流程等皆有明确的指示。英国L大学校长布恩教授一直致力于推动英国L大学的教育全球化发展,并积极寻找与中国著名高校创办联合大学的机会。2003年9月,我与蓝诚先生(时任英国L大学首席行政执行官)访问J大学,其时W教授正式晋升J大学党委书记。与会时双方很快明确了合作办学的意向,W书记提出可考虑将联合大学设在苏州工业园区,并当即决定尽快实地考察工业园区的办学条件及环境。

九月中旬的苏州,天气依然炎热。但当汽车开入园区,我即感到心情豁然开朗。蓝色的天,宽敞美丽的街道,美观整齐的高层建筑物,风景优美的金鸡湖和独墅湖,令我有来到世外桃源之感。工业园区教育投资公司的陈龙博士陪同我们参观了园区,并拜访了有关政府部门。在会见中,我感到苏州市政府对人才培养十分重视,对教育和引进人才大力支持,并有长期规划。我深知一所国际一流大学的建立,不单单靠两所大学的能力,我当时本能地感觉到如将大学设在工业园区,苏州市政府会全力支持大学的发展。我的这种直觉在这些年来被证明是正确的。

工业园区确实是办学的理想地点。它地处长江三角洲的腹地,经济高速发展,周边有很多世界500强企业,又是中国传统的书香之地,加上苏州市政府对人才的重视及对教育的支持,我当即向布恩校长表示"我们不会找到比苏州工业园区更理想的办学地点"。一个月后,即2003年7月,布恩校长至工业园区考察,由市委书记及园区潘云官书记接见。他们热烈欢迎两校联合在苏州办学,阐述了苏州市政府的教育政策,并表态今后将给予联合大学持续的支持。布恩校长的这次访问奠定了两校在苏州建立联合大学的基础。

2004年9月,两校签订协议合作成立X(国际)大学。在教育部审批过程中,W书记和教育部领导反复沟通,2005年8月,教育部批准筹建X大学。2006年5月,X大学正式揭牌成立。9月,X大学招收首届本科学生160余名。

根据《条例》等国家法律法规的规定,中国J大学与英国L大学经过充分协商,X大学实行董事会领导下的执行校长负责制,由两所合作学校代表共同组成董事会,董事会负责学校的战略、财务和高管任命等事务,日常管理则主要由执行校长为首的高管团队负责,董事会和高管团队之间分工明确。董事会由9人构成,双方各推荐4人任董事,校长为天然董事,中国J大学推荐董事长,英国L大学推荐副董事长。在管理和运行权力设计上,推选有学术造诣和较高声誉的中国公民为学校的法人代表并兼任校长,校长、学生和思想文化副校长、财务副总监由中国J大学提名推荐,常务副校长(后来调整为执行校长)、学术副校长、财务总监由英国L大学推荐,所有高管由董事会任命。

二、合法性的获得

新制度主义学派认为组织仅有技术能力还不够,还需要有合法性才能有机会或者更好地存活下去,特别是像高校这种严重依赖制度环境的组织(迈耶,2008)。所谓合法性,即得到承认,这种承认来自高校场域中的多重利益群体,包括得到作为场域政策法规制定和执行者的党政部门的承认,以取得政治和行政合法性;得到有着竞争和合作关系的高校群体的承认,以取得专业合法性;得到购买教育服务的消费者的承认,以取得社会合法性。

取得政治合法性和行政合法性具有首要重要性。这其中又有两重意思:一是符合国家的法律法规要求,取得正式的合法性,包括按照国家要求获得办学审批,在办学中遵守政府的法律、行政法规和部门规章,如《中华人民共和国中外合作办学条例》和《中华人民共和国中外合作办学条例实施办法》中提出的各项要求；二是和中央政府、地方政府形成良好的关系。

X大学得到了苏州当地政府的极大支持。苏州位于长三角，号称世界经济发动机，在行政上虽说是地级市，但经济社会发展在省级排位中名列前茅，特别是在全球面临金融危机时其地位凸显。苏州工业园区是中国和新加坡两国政府合作的结晶，借中国改革开放的东风，迅速崛起，其产业和经济社会持续发展需要很强的研发力量，但苏州缺乏基础优良的理工科大学，当时苏州市领导极具前瞻性战略思考，试图吸引国内外著名高校在苏州办分校、研究院、研发中心和人才培训基地，而且在苏州工业园区专门规划了近10平方千米的高教区，并于2002年开发建设。苏州除了工业园区等现代工业和社会快速发展的环境外，有悠久的教育发展史和优良的教育环境，历史上读书人和状元频出，民间重视教育，愿为教育买单。苏州对社会公益投资出手大方，加上对干部的严格培训和新加坡的治理经验，可以说苏州工业园区政府是中国最具有服务意识的地方政府之一。

苏州方面则由苏州工业园区直接对接，园区高教办和高教区教育投资公司承担，在筹备期间扮演了至关重要的角色。除苏州工业园区和苏州市政府积极推进外，江苏省教育厅和政府也给了极大的帮助。教育部因中外合作办学的大门刚刚开启，对独立法人办学机构的审批比较严格。但因苏州工业园区的独特地位和快速发展，苏州在长三角经济社会发展中的重要地位和良好经济社会基础，X大学的申请还是备受各方关注。因此当时X大学的建设兼具天时、地利、人和，是各方通力合作和积极努力的成果。

所谓社会合法性就是得到社会的承认，家长和学生愿意选择去X大学读书。X大学通过宣传提高对优秀生源的吸引力，取得社会合法性。入校竞争越激烈，社会合法性越强。在生源竞争日益激烈的现在，每个高校都投入大量人力、物力去争夺高分学生，包括精心设计宣传材料或视频、开放校园日、组织咨询会等。分析其宣传材料可以看出，X大学除了一般高校的宣传要点之外，有自己独特的方面。它非常看重介绍自己的政治合法性和行政合法性，说明自己是正规的、获得教育部批准的高校。招生宣传中经常会使用"X大学是经中国教育部批准，具有独立法人资格和鲜明特色的新型国际大学""纳入国家普通高等学校招生计划"；突出校董会的身份；突出毕业证书的合法性、本科学历教育和外国学士、硕士、博士学位教育，还经常引用领导人的评语以提高其合法性等。其次，注重介绍英国L大学在英国乃至世界高等教育中的地位。其常用的方法是引用英国L大学的世界排名和所获得的英国政府的赞誉来说明英国L大学之声望，然后引用权威评估机构（一般是QAA）的说明，以表明X大学和英国L大学有着同样的课程、教学、质量，以及同等含金量的英国证书。

第三节　制度环境下X大学的发展策略

一、文化差异下重大原则问题的争议与解决

根据《条例》规定：中外合作办学机构依法自主管理和使用中外合作办学机构的资产，但不得改变按照公益事业获得的土地及校舍的用途。中外合作办学机构不得从事营利性经营活动。由于文化和制度的差异，中英双方在办学过程中有过许多摩擦和争议，在不断互相适应磨合中解决了很多具体问题和冲突。双方均为公立大学，按《条例》注册和筹办新学校，双方须有一定出资，但在当时的制度环境下，公立大学直接出资办学有制度上的障碍。于是L大学通过与其合作办学的美国L集团代为出资，J大学由其教育集团公司代为出资，作为筹办金，注册成立X大学筹办机构。这样的出资方式导致X大学在创办早期一直存在办学模式被商业化的危险。英国L大学在合作办学的初期，美国L教育集团和L大学之间的合作关系非常紧密，在X大学的创建过程中有很大的发言权和影响力，L大学对它们也十分倚重，委派了财务总监，监督学校的预算

和工作计划。它们的管理水平很高,确实对 X 大学的建设和规范管理提供了很有价值的帮助。但是 L 集团在整个合作中也有它们自己的明确目的,就是要把 X 大学纳入它们集团,成为它们的重要成员。它们办学采取的是一种商业化投资的模式,追求办学的利润,和资本市场相结合。而 J 大学希望将 X 大学办成一所高质量的大学,追求学术水平的提升、教育模式的创新,成为中国国际化人才培养的摇篮。实际上 J 大学和 L 集团在办学的根本目标上是有冲突的,如果 X 大学真的为 L 集团所控制,将可能对学校失去控制,丧失教育主权,进而带来巨大的政治风险。因此,J 大学对 L 集团引进的先进管理模式和理念持欢迎与积极学习的态度,同时也对它企图控制学校的意图保持了高度警惕。在招生后的第二年董事会上,J 大学发现整个财务预算处于较严重的赤字状态,而且短期内很难缓解。这时 L 集团提出它们可以捐助 1 000 万美元,为此双方举行了隆重的签字仪式。但在协议进行到实施阶段时,它们提出了一系列进一步控制 X 大学的具体要求,规定今后所有学费它们要按比例提成,面向国际市场的招生由它们负责和控制,甚至未经董事会同意,就在集团网站上把 X 大学列入它们旗下。J 大学对此极为警惕,经过慎重研究,决定废止 1 000 万美元的捐赠协议。后来 L 大学校长退休,新任校长对 X 大学的未来发展目标取得了高度共识:双方都追求将 X 大学办成一所高质量大学,双方均不直接从 X 大学获取任何经济回报;双方共同努力,杜绝大学的商业化,逐步减少 L 集团对学校的影响力。自此之后,X 大学被商业化的威胁消除了,在管理团队努力和地方政府的帮助下,X 大学也获得了来自各方面的经济支持,度过了早期的经济困难阶段。在 X 大学是否盈利的定位上,双方洽谈合作协议时其实已约定了 X 大学应支付双方合作母校一定的品牌使用费和知识资源占用费,也可以看成合理回报,按照中外合作办学惯例,这是可行的。教育部在早期审核和批准中外合作办学时,试图坚持高水平和非营利两个基本原则,而且是宁缺毋滥。因此,X 大学在筹办审批时,在批复文件上双方均承诺放弃合理回报,这为后来 X 大学明确成为非营利组织定位,特别是高水平大学埋下了伏笔。到目前为止,主要的中外合作办学基本上都坚持了非营利性。

二、制度约束下的形式突破与创新

师资是办学的重要因素。《条例》明确规定,即双方合作母校各出1/3的师资,新成立的学校独立招收1/3的师资,确保新举办学校师资的基本质量。但这项规定实施起来难度较大。X大学办学目标定位为国际化大学,因此所有专业课要全英文授课。如果要从中国J大学选取全英文授课的1/3教师,这是不可能的。从英国L大学选取1/3的老师授课虽在理论上有可能,但让教授全职过来也有困难,如果采取出差的做法,不仅成本高,而且这种现在流行的所谓"飞行教授"并不能保证长期办学质量和学校发展的稳定性。X大学经过充分地酝酿和讨论认为,规定1/3师资的安排目的是构建一支相对稳定的有质量保证的师资队伍,如果换一种方式,依然可以满足甚至好于规定的意图,那么也算是执行了规定。因此,只要满足甚或超越规定的目标,形式上应该是可以突破的。

X大学在初创之际,在专业设计和规划时充分利用双方的优势资源进行专业、课程、大纲等设计。在中国见长的文化和基础教育领域,从西交大和中国著名大学如北大、清华、南开、同济等聘任了包括教学名师的基础课程教育团队。在国际师资团队上突破1/3的布局,全部按照国际一流大学标准全球招聘X大学的专业教授团队。这一决定虽然形式上不是规定中的3个1/3的师资队伍结构,但从长期办学质量和稳定性来看要远远好于规定中的教师结构。按照世界知名大学标准面向全球招聘教师,引进和配备教师队伍。2020—2021学年共有教职员工1 777人,其中院士1人,教授59人,副教授218人,高层次人才28人;全职专任教师865人,外聘教师122人,行政及学术支持人员876人;专业专任教师中具有博士学位的占82.7%,分别来自十多个不同的国家与地区,其中80%为外籍教师,50%为非华裔外籍教师,他们都毕业于世界各大名校,拥有相应专业的博士学位,具有丰富的海外教学经验,并通过了英国L大学的入职培训和教师资格认证。

实践证明，X大学从一开始创新性地执行规定的做法为X大学后来高水平、持续发展奠定了厚实的师资基础，专业师资结构基本上稳定在80％外籍、50％非华裔外籍。X大学拥有世界上较强大的大学外语中心。语言中心面向本科及研究生开设的"学术英语"课程（English for Academic Purposes，简称EAP）于2020年获得英国学术英语教师联合协会（British Association of Lectures in English for Academic Purposes，简称BALEAP）认证。前沿教育研究院的硕士专业（Postgraduate Certificate in Teaching and Supporting Learning in Higher Education Professional Studies）于2019年荣获英国高等教育学院HEA（Higher Education Academy）的专业认证。

作为一所创办于中国本土的国际大学，X大学积极响应教育部关于立德树人这一根本教育宗旨的号召，构建以社会主义核心价值观为引领的教育体系，把社会主义核心价值观教育融入教育教学全过程各环节，全面落实到质量标准、课堂教学、实践活动和文化育人中，把增强学生理想信念、社会责任感、创新精神、实践能力作为重点任务贯彻到专业教育教学全过程。X大学设置了独立的中国文化教学中心这一一级教学单位，始终坚持党对思政课的全面领导，筑牢思政课"关键课程"的地位，明确了思政课是一门兼具政治性、学术性、专业性的课程，并把国家规定的思政课方案与X大学教育特色融合起来，创建了符合新时代大学生需求的思政教育课程模块，即中国文化、中国历史、中国国情、中国法律和自我管理，并进一步增加了绿色与可持续发展、数字公民行为、创新创业、公益与慈善，共计九个方面。这些模块全面涵盖了马克思主义基本原理概论、毛泽东思想和中国特色社会主义理论体系概论、中国近现代史纲要、思想道德修养与法律基础、形势与政策等课程，形成中外合作大学特色思政课程，并从教师、教材、教法三个方面入手，打造有高度、有深度、有广度、有温度的思政"金课"，课程教学效果良好，育人效果显著，深受学生欢迎。

三、分权共治下利益相关者的权责厘清与平衡

1988年英国政府发表了《改变政府管理：下一步行动方案》白皮书，旨在推动政府决策权与执行权的分离，推动政府行政管理从权力集中向分权化转变。以英国公共文化服务的分权共治为例，在公共文化服务管理体制分权化思想的引导下，为了更好地处理中央政府与地方政府之间的关系，更好地与非政府文化组织展开合作，英国政府对公共文化服务的管理采取了"垂直分权"与"水平分权"两种分权向度。而在共治方面，为了在公共文化的管理、资助、供给、运营等领域最大限度地发挥非政府文化组织、企业与社会力量的重要作用，政府采取与非政府组织下多元主体的密切合作与共同治理的管理思路。因此，在分权化的管理体制下，英国公共文化服务在管理模式、资助方式、运营模式、机制创新等方面都凸显了共治的特征。

根据《条例》规定：具有法人资格的中外合作办学机构应当设立理事会或者董事会，理事会、董事会或者联合管理委员会的中方组成人员不得少于1/2，由5人以上组成，设理事长、副理事长，董事长、副董事长或者主任、副主任各1人。中外合作办学者一方担任理事长、董事长或者主任的，由另一方担任副理事长、副董事长或者副主任。具有法人资格的中外合作办学机构的法定代表人，由中外合作办学者协商，在理事长、董事长或者校长中确定。

从内涵角度看，治理着眼于各相关利益者之间责权利的划分、制衡以及相关利益者对事务的参与和协同；管理是在特定治理模式下，管理者为实现目标而采取的行动，治理必然含有共治的要求。完善高校内部治理结构的一个本质要求，就是要完善高校的共治。高校内部分权共治的实现，需要厘清和平衡各相关利益者之间的权责关系，也有赖于管理体制与机制的健全。X大学实行董事会领导下的执行校长负责制，由两所合作学校代表共同组成董事会，董事会负责学校的战略、财务和高管任命等事务，日常管理则主要由以执行校长为首的高管团队负责，董事会和高管团

队之间的分工明确。X大学内部运行和资源配置体系由三大部分组成：最上层是董事会的行政权力及专家教授的学术权力参与的资源配置的策划和决策机构；中间是科学社区，师生在完成教学和学习任务的同时，可根据兴趣和需求形成研究团队，向校内外各种基金或组织申请资助，校外基金如国家自然科学基金按其学术评审程序决定是否资助，校内行政权力根据战略规划和预算决定教学和科研各种预算，然后由学术权力决定预算在项目和各类教学科研活动中的具体分配。处于基层的是承担各种职能的服务中心，它们相互合作已形成无缝衔接的支持平台，所有这些职能部门的基本职责是向教学和科研系统提供周到的服务，任何权力部门无权指挥和命令任何学术活动（见图6—1）。

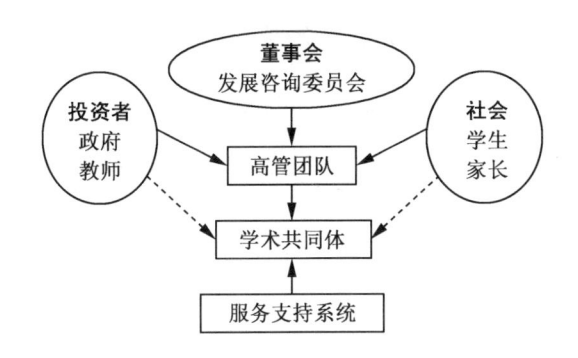

图6—1 X大学实行的董事会制度

同时，X大学在探索中致力于搭建一种鼓励相关利益者广泛参与的治理框架，视大学为学术共同体，大学的价值在于提供一个平台和一种氛围，让全社会对学术感兴趣的个体与组织可以轻松地在这个大学的平台上实现自己的梦想，发挥自我价值。为实现这一目标，X大学特别重视和所有相关利益者之间的互动共赢。

与传统的学校相关利益者（董事会、教师、政府）建立了良好的共赢平台，合作双方承诺不直接干预学校办学，同意实施董事会领导下的执行校长负责制，合作双方还承诺不从办学收入中获利，将所有收入用于继续办学；苏州市政府特别是独墅湖科教创新区对学校办学给予全面支持，在校舍、实验室以及资金方面提供了多种支持;教师则通过成立学术委员会,负责全校所有学术制度的制定和审批。另外,X大学还探索性地和家长、社会精英人士、工业界建立了有效的互动机制和共赢平台,家长广泛参与到学校的各类办学活动中,社会精英人士则受邀担任学校的校外导师,为学生的职业发展提供指导与帮助,成立发展咨询委员会且由知名企业界人士担任要职,旨在对学校的教学管理、人才培养等提出建议,帮助学校改进和提高教学管理水平。正是在与这些相关利益者的不断互动中,X大学赢得了董事会的信心与支持,受到了教育部与省教育厅的关心,获得了来自家长、学生、员工以及社会的支持,成功建立了开放、共赢的良好治理格局。

四、东西方教育理念交融下的教育布局与"五星"战略

X大学以使师生"happy life and successful career"(幸福生活、成功人生)为核心理念,以保护和发展人类生存能力为核心目标,以多元、规则、创新、自由、信任为核心价值,利用其在治理结构和管理模式上的空间,面向世界和未来发展趋势,融合东西方文化与教育精华,整合全球资源,探索高等教育新模式。

X大学自创建至今已17年,以使命、愿景和教育理念为核心,经历了从1.0到2.0再到3.0的升级。X大学1.0即指创新和升级传统的国际化专业精英教育;X大学自2017年开启2.0升级,即联合企业资源创建行业导向的融合式教育;慧湖药学院的成立具有重要意义,它是X大学3.0的领航项目,即大学融入社会,撬动各方资源,营造教育、研究、创新和创业的产业生态(见表6—1)。

表6—1　　　　　　　　X大学从1.0到3.0的升级

	X大学1.0	X大学2.0	X大学3.0
时间	2006年,建校之初	2017年开启,建校第二个十年时	2018年,萌发和启动

续表

	X 大学 1.0	X 大学 2.0	X 大学 3.0
战略初衷	创新和升级传统教育,探索国际化专业精英教育模式	联姻企业领袖,整合社会资源,创建国际化行业精英的融合式教育(SE)模式	大学融入社会,撬动各方资源,营造创新和教育生态
模式介绍	借鉴美式教育的灵活性、英式教育的质量控制体系、中式教育的重知识基础等优点,融合创新出自己的教育模式和质量保障体系,以学生为中心,强调兴趣驱动、研究导向、主动学习、能力培养、知识整合、素养提升	通过强化素养教育和IETE(Industry and Enterprise Tailored Education)(X 大学 2.1)项目升级 X 大学 1.0 模式,即提升专业精英培养的行业背景;通过创业家学院(太仓)(2.2),选择对未来人类发展具有重大影响的若干关键行业,通过与该领域国内外著名企业联姻,创建相关行业学院	将重塑其社会职能,主动担当"催化剂"和"黏合剂"的作用,强调大学走进社会,打造支持兴趣驱动、终身学习、创新创业、企业研发和行业升级的创新与教育生态系统。3.0 有两种发展模式:融合式学院(academy)和创教生态院(college)
成果展示	研究导向型学习大赛	行业企业定制化教育项目 创业家学院(太仓)	X 大学慧湖药学院 X 大学—集萃学院 未来教育学院 影视与创意科技学院
未来展望		创业家学院(太仓)校园于2021年开放,逐步实现七千到一万在校生的办学规模。融合式教育模式将与联姻行业伙伴一起确定各行业学院愿景和使命,积极推进学院与企业行业发展的对接互动,搭建学、研、训、创、产创新平台,为未来社会培养更多具有前瞻性和引领者潜质的国际化行业精英	2020年5月X大学学习超市全球启动,以整合全球优质教育资源,通过线上线下深度融合,创造跨地域、跨年龄段、跨学历与兴趣追随的学习、创新、创业支撑平台,并于2021年5月22日正式向全球开放

通过 1.0、2.0 和 3.0 三种教育模式不断向外辐射,X 大学已构建了 X 大学教育探索的完整体系,开启了包括幼儿园、小学、初高中、新职业教育和高等教育在内的全链条的教育改革和创新。五角星的顶部为 X 大学的核心使命,即通过探索符合未来社会需求的教育理念和办学模式,特别是 X 大学 3.0,辐射社会,助力中国教育改革和世界教育发展,推动社会进步与人类文明(见图 6—2)。

为了支持 X 大学教育体系高效运行,特别是应对后疫情时代充满挑战的国际化教育,创建了 X 大学学习超市:汇集全球优质教育资源,打造兴趣驱动的跨时区、跨地域、跨国界、跨年龄段的线上线下结合、学校产业

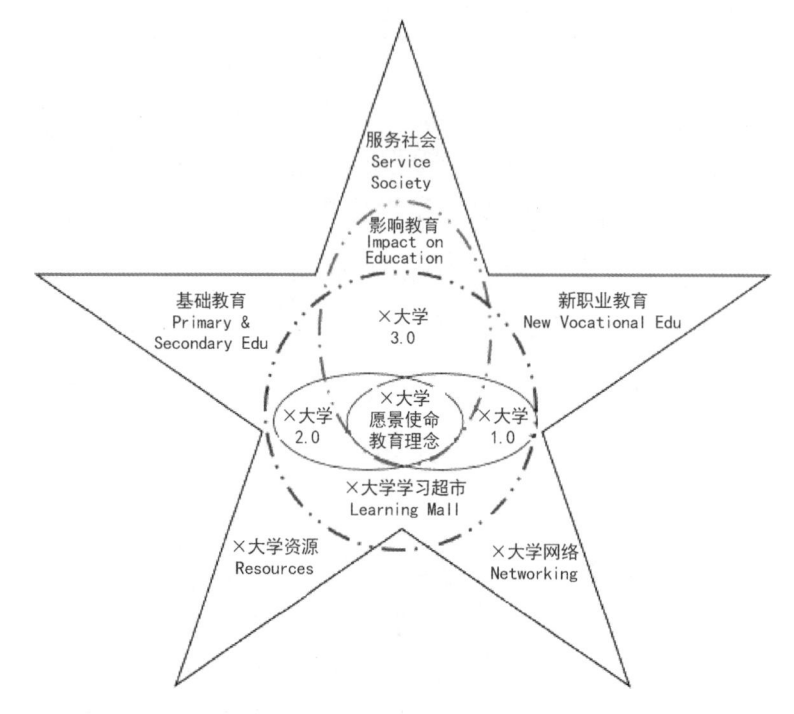

图 6-2　X 大学教育理念交融示意图

融汇的终身学习和创新生活的教育生态,形成 X 大学教育体系的支持平台。在发展蓝图中,圆形部分为 X 大学核心业务,虚线预示着可以辐射和服务于社会的教育。

基于中西方高等教育优势的整合以及自身灵活的办学体制,已初步形成了一套系统的大学人才培养模式——"五星"育人模式(见图 6-3),集中体现了其对大学"培养什么人"和"如何培养人"这两个核心问题的探索。X 大学坚持"以学生健康发展为目标、以兴趣为导向、以学生为中心"的育人理念,培养具有素养、能力和知识三大体系的"世界公民"。这三者包含了学生在全球化时代健康成长所需的各种核心要素,超越单纯灌输专业知识和技能的做法;不是将学生罩在保护伞下远离社会,而是让学生了解真实世界中的好与坏,并通过学校教育提升他们在真实社会中的生存能力,强调在复杂多变的社会中生存这一至关重要的世界观、人生观和处世智慧,是对素质教育中知识、能力和品德三大目标在全球化背景下的具体化和拓展。

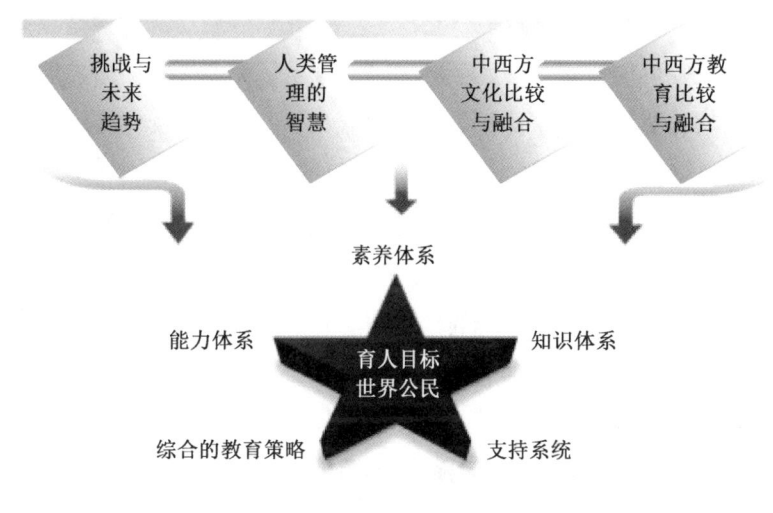

图 6—3 "五星"育人模式结构图

第四节 技术环境下 X 大学的发展策略

一、构建系统严密的质量监控体系

X 大学同时授予英国 L 大学的学位和教育部承认的 X 大学学位。在本科教学方面,学校要接受来自 L 大学和教育部的双重认证。X 大学秉承英国高等教育系统严格的质量规定和品质意识,发挥中国教育体系注重基础的优势,并整合北美教育体系对学生自主性和灵活性的重视,建立了以外部机制为控制点、牵制内部质量管理流程的一套融合中西方高等教育质量保障体系标准的评估体系和质量保障机制,对教学质量和人才培养质量实施全过程监控。这套体系在国家、学校、院系、专业、课程和学生六个层面分别采取质量保障措施。

(一)国家层面

1. 英国高等教育质量保障局(QAA)

QAA由英国大学和学院提供会费支持,并和各地高等教育基金委员会等高教投资机构订立合同。英国高等教育质量保障局的使命是通过合理的高等教育资格标准来维护公众的利益,并鼓励高等教育质量管理的持续提高。QAA对英国提供高等教育项目的所有院校,以及在英国之外提供的英国高等教育项目制定了质量保证程序与环节,以确保其学术标准得以有效贯彻和执行,保障在全球其他国家和地区攻读英国高等教育项目的学生与在英国高校学习的学生获得同等高等教育体验。X大学开设所有学位项目均授予英国L学位且受到英国高等教育质量保障局的间接质量保证监控。

自2003年启用新的评估方法以来,其主要职责是进行院校审查,审查的重点不是直接评估高校的教育质量,而是监督和评估高校教学质量内部保障机制(质量评估标准和程序)的有效性。每六年对高校评估一次,评估主要内容包括:检查院校课程标准和常规评估方式,评估院校质量内部保障机制的有效性;评估院校就课程质量和学术标准所发布信息的准确性、完整性和可靠性;要求院校就质量内部保障举证。

2. 教育部及江苏省教育厅

作为中外合作机构,X大学依据教育部提供的普通高等学校本科专业目录有计划、科学合理地向教育部递交申请材料,对开设本科新专业进行申报。X大学获批实施英国L大学研究生教育项目,每年拟增设的研究生专业也必须向教育部报备,确保在X大学进行英国L大学研究生教育项目的学生在毕业时所获得的研究生学历文凭受到教育部的认可。依据学位条例,X在某一学科专业招生的第一学期需经校学术委员会讨论后,向学校上级主管部门江苏省教育厅申请学士学位授予权,江苏省教育厅主管部门组织相同专业的同行专家评审通过后,由国务院学位委员会或其授权的江苏省学位委员会审定并取得授权。

(二)院校层面

英国L大学对X大学的评估。评估主要包括五年一次的学位授予权评估(accreditation)、年度回访监控(annual monitoring visit)、日常性评估(validation)三种手段。学位授予权评估通过全面评估来决定是否在下一个五年允许学校继续授予英国L大学学位。在评估结束后英国L大学会做出是否继续授予学位的决定并发布评估报告,形成一个行动计划,指出未来学校应该在哪些方面继续改进以确保高质量的教学。年度回访监控主要针对这个行动计划,检查学校改进情况。英国L大学组织评审委员团每年对X大学开展为期两天的访问,通过与不同群体对象进行交流座谈,评审委员团全方位了解学校在过去一年中的发展状况,包含发展规划、教学、科研、校园设施设备、学生体验、双方院校合作等。每次来访后,评审委员团会形成一份正式的评估报告,全面、综合、详细地汇总审核反馈意见和建议,肯定良好实践,同时指出有待改进的方面。日常性评估主要是指X大学在专业与课程设置、教学大纲修订、学业考试等教学过程监控中须接受英国L大学的审核和监控,例如学生考试的试卷需要接受英国L大学和外部考官的共同审核(见图6—4)。

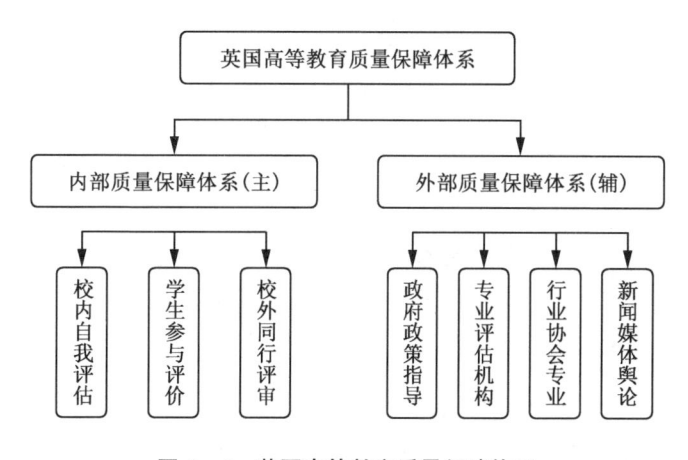

图6—4 英国高等教育质量保障体系

(三)院系层面

院系内部周期评审是学校内部质量保证体系的重要环节。学校开展以院系为单位的"内部周期评审",旨在帮助院系全面审查系内所有学位专业的可持续发展性,全面考核审查专业课程教学成果,检查是否达到预定培养目标。学校邀请校内其他院系资深教师和校外中英高校资深专家,在学术副校长的带领下组成评审委员会,评估教学成果、专业的可持续发展性、学生学习收获与体验、支撑教学工作的相关资源与设备设施等,并为院系发展战略提供指导性意见和建议。2021年,学校对院系内部周期评审制度进行了更新,周期由之前的四年一度变为六年一度。与旧版相比,在评审范围不变的情况下更加聚焦专业的可持续力和学生支持的充足性。目的是帮助学院通过全面的评估发现问题,不断提升内部运营效力,专业吸引力和学生培养质量。针对评估委员会报告中提出的每一项意见和建议,院系均需给予正式书面回复,并制定相应解决和改善问题的长远方案。在接下来的周期内,学院需要在每年进行的"年度专业评审"中,定期汇报此计划的执行进度和完成情况,并确保下一次院系周期评审前完成所有计划。大学教学委员会全面监管学院后续的行动计划执行情况,以此实现持续改进。学院的一些良好机制与优秀做法也会通过该评审在学校内部乃至校际(通过外部专家)传播。

(四)专业层面

1. 年度专业评审

院系在每个新学年初始须提交一份年度专业自评报告,目的在于评估院系所开设的所有学位项目的实效性,从学科发展和行业应用的角度审核学位项目的通用性与关联性,评价学位项目的教育质量和学生综合学习体验。通过年度专业评审,院系可以及时甄别、发现有待完善、改进的方面,同时总结一年以来专业、课程建设方面的良好实践,并在学校各院系间广泛传播,相互参考学习,共同进步。

2. 新专业申请、现有专业培养方案调整

学校对于任何新专业申请以及现有专业培养方案调整,均做出了具体申请和修改流程步骤及时间表。该申请和修改流程步骤符合英国 L 大学和教育部的规定要求。

3. 专业认证

专业认证是外部机构组织对院系提供的高质量学位教育项目进行全面综合评估并给予认可。X 大学鼓励院系从长远战略发展角度规划并逐步开展相关学科领域的专业认证申请。目前学校已经获得包括商科、工科、理科及人文社科等多个学科领域的近 30 个国际专业认证。

(五) 课程层面

1. 新课申请、现有课程大纲调整

学校针对新课申请以及现有课程大纲调整,制定了严格、完整的申请、评审、批准流程。具体流程为:任课教师将申请调整理由和具体拟修改内容提交至院系教学委员会,经委员会讨论并一致通过后递交至课程与专业评审委员会审核批准;一致通过后,课程与专业评审委员会秘书将审批调整后的课程大纲(新课程大纲)转交教务处,并由教务处统一上传至网上学习系统,供相关学生和教师参考、下载。在院系教学委员会和课程与专业评审委员会审批前,任何人(包括任课教师)均没有任何权限随意修改课程大纲的任意部分。此程序保证各科教学大纲和内容能不断适应新的社会发展以及职业需求,并且新设置的课程和对教学内容所做的修改都是建立在充分讨论的基础上的。

2. 同行评审

学校鼓励并要求任课教师走进其他教师的课堂相互听课、学习,旨在通过此种方式及时发现并解决教学中遇到的问题;甄别与传播良好教学实践;增进教师间的交流学习,加强教学运行环节的质量监控;不断强化教学管理,提升教学水平。

3. 内外部考官制度

在试卷评分环节,X 大学有明确的评估实施细则。根据细则,每门学科的课程单元都应该清晰地定义评估任务,并应该同学习成果紧密联系。

评卷教师评分后的分数，将由相关院系委员会任命一个或一个以上的校内主考人员，负责教师评分的合理性并进行分数的内部仲裁，仲裁人应该抽查评分标准，检查分数的连贯性，特别是临界分数。如果仲裁的结果显示评分有矛盾之处，那么所有的试卷应该重新批改。如果仲裁的结果显示评分的标准不正确，那么应该重新核定标准。最后，所有试卷都要通过每年夏季校外考官的详细检查，即外部仲裁。根据评估实施细则，学校对考试有严格的监督和审核制度。教研组有责任采纳来自主考委员会或校外考官的合理建议，不断地监督评估计划的效力。同时，监督结果也会反馈给学生。

（六）学生层面

学生是大学治理中很重要的组成部分。一方面，在以学生为中心的理念下，大学的育人要对准学生的需求，因此，学生就需要参与到育人流程的设计过程中。另一方面，学生的学习满意度也是当前社会备受关注的一个领域。在 X 大学，学生在整个大学治理中的参与非常广泛，在全校的学术决策委员会中，都有学生作为正式成员，享有和教职工成员一样的权利。在有些委员会中，学生有可能占多数，并处于主导地位。例如，师生联络委员会是 X 大学监督教学过程质量的一个重要机构，每个院系都有一个师生联络委员会，这个委员会学生占多数，且主席为学生，每个院系要选一名教师代表作为副主席协助主席工作。每个院系的师生联络委员会每学期至少召开一次会议，会上讨论一段时间内从学生视角反馈的教学问题，院系收到问题后，需要认真研究和一一回应，并制定改进策略。

二、融入区域创新的生态系统

作为区域创新生态系统中的重要组成部分，如何融入系统中，真正和其他主体之间实现良性互动是大学应该重点考虑的问题。要解决这个问题，涉及大学在创新生态系统中的功能定位、大学如何促进创新生态系统的发展、大学与其他主体之间的关系以及大学需要的生存环境等问题。

X大学自2006年成立以来始终把建设研究导向的高水平国际化大学作为办学宗旨,力图通过整合世界级科技创新资源打造国际化高层创新人才队伍,创造一个连接学校与社会、苏州与世界的创新生态圈。在十多年的办学过程中,X大学在缺乏政府拨款、校园建设需要大量资金的情况下,始终坚持在科研基础设施及人才引进方面的巨额投入,在研究创新平台、技术转移、产学研结合方面取得了令人瞩目的成就。苏州打造苏南国家自主创新示范区核心区的战略举措,为X大学推动苏州创新发展和转型升级的源头创新提供了历史契机,为X大学在现有基础上与政府和在苏企业联合共建研究创新生态群落奠定了良好的基础。

X大学研究创新生态系统建设本着"整合全球资源,服务地方经济社会发展"的理念,精心打造11个研究院、1个国际技术转移中心、1个国际创新港,以形成一个国际级的研究创新生态群落。该建设有助于依托X大学网络,为苏州自主创新:(1)打造国际化的开放平台,吸引国际专家短期或长期落户研究,争取国际机构支持与合作;(2)建成区域性开放平台,吸引国内学者和企业界专家短期或长期落户研究,争取设立合作项目或企业研究基地;(3)形成创新社区的核心网络,瞄准苏州优势产业和战略性新兴产业,打通高校、科研院所和产业界甚至国界的隔阂,建立良好的基础设施、专业友好的服务环境、共享而又尊重个性的创新运行平台,让企业的创新需求有回应,创新资源和活动效益最大化,真正孕育并逐渐形成创新驱动、市场导向、企业为主体、政产学研全程融合的创新增长模式。

X大学致力于打造的研究创新生态群落将着眼于园区以及苏州自主创新的核心阶段——源头创新,通过11个国际化的研究院不断创造新发现、新发明、新技术,利用国际技术转移中心打造高校和产业界的服务平台,从而实现新产品、新服务的快速向内引进和向外输出,打通源头创新到体制改革的全过程,提升整个创新体系。X大学国际创新港将成为激励"大众创业、万众创新"的全要素、开放式的创新孵化器,通过引入线上线下创业创新大赛、创业创新基金、风投及创业资本,刺激和支持创新计划,孕育和帮助创新企业,推动创新技术市场化,构建集创新文化与精神营造、创新咨询、创业教育和培训、创新基金支持等于一体的众创平台,为苏州及苏州工业园区经济社会发展提供新动力。2020—2021学年,学校共计开设本科专业42个,涵盖经济学、文学、理学、工学、管理学、法学和艺术学7个学科门类,占学科门类总数的53.85%,基本形成学科集群的综合规模,表明学校已初步形成较为完备的专业体系。新专业的开发和设置紧紧围绕产业需求,从教育、科研和社会服务出发,通过与企业合作,促进地方经济、行业和社会发展。

X大学药学院于2020年11月11日成立,助力苏州打造世界级生物医药产业地标,致力于为创新药物研发企业持续培养亟须的国际化实用性高端紧缺人才,为苏州工业园区打造全国医药产业核心区、建设国家生物医药技术创新中心、打造世界一流生物医药产业创新体系增添动力。除了医药人才学历教育"本硕博"贯通式培养特征,X大学药学院在保障质量前提下,按照苏州生物医药产业的需求,灵活机制,提供多元教育选择,包括:学历教育与非学历教育,全日制教育与在职教育,定制化教育,线上与线下教育,全方位服务地方生物医药领域内各个阶段和各个方面的人才需求,缓解药谷企业高端人才短缺的现状。自成立以来,本着教育、研究、服务社会的原则,不断寻求与业内各类规模企业建立战略合作伙伴关系,助力企业—高校协同发展,推动苏州生物医药产业整体提升。截至目前,X大学药学院已与数十家生物医药企业成为战略合作伙伴,战略合作伙伴规划全面覆盖各细分领域(全产业链),无论是初创企业、发展企业或成熟企业(全生命周期),涵盖领军型、中小型和微型等各类规模企业,如恒瑞医药、亚盛药业、艾博生物、吉玛基因、沃生生物、安捷伦科技等;并签署了各类型的合作协议,积极落实合作项目,内容包括联合人才培养、技术服务支持、科研合作、联合实验室等。X大学药学院将设置药物科学系、药学系、生物技术药系三个科系,共有药物化学、药物分析、生物技术药等9个专业。X大学药学院计划于2021年录取首届学生,首届即覆盖本科、硕士和博士三个学历阶段,并逐年增加招生计划,到2026年计划实现在校学生总数2 000人以上。

除了在人才培养上紧密结合生物医药产业的发展需求,X大学药学院在科研方面也注重与苏州生物医药产业的研发诉求相呼应。结合自身科研积累和跨学科优势,计划在新型治疗药物与方法、人工智能在医药领域中的应用、临床药学三大方向开展基础研究,包括抗体和核酸药物、基因和细胞治疗等内容。

三、打造融合式教育模式

对中外合作办学模式的分类标准有很多,如:(1)根据生源属性,划分为计划内招生模式与计划外招生模式;(2)根据文凭发放,分为单文凭模式和双文凭模式;(3)根据学生接受教育的方式,分为全日制与非全日制;(4)根据授课地点,分为双校园模式与单校园模式;(5)根据办学主体,分为学校—学校模式、学校—政府模式以及学校—企业模式;(6)根据机构是否具有独立法人资格,分为独立模式和非独立模式。此外,还有一些分类标准并不十分明显,例如,有学者从中外合作办学的现状和国际教育发展角度出发,将中外合作办学模式分为远程教育、设立分校以及引进资源三类。总而言之,不同的研究者会根据不同的研究目的对中外合作办学模式进行不同的分类,并没有形成一个统一的标准。但是,根据这些分类标准,不同的模式在人才培养方面没有明显的差距。近年来,根据合作双方的融合程度,我国基本形成了三种主要的中外合作办学模式,即融合式、嫁接式和离散式三种类型。这些不同模式的特点和内容如表6—2所示。

表6—2　　　　　　　我国中外合作办学的主要模式

模式	特　点	内　容
融合型	没有全盘照搬照抄外国的培养模式,也没有完全保留我国传统模式,切实走出一条"国际化＋本土化"的道路	在引入国外合作大学的教材、教学大纲、课程、师资队伍及考核方式的基础上,与我国高校的实际情况相融合,双方共同制订出一套先进的人才培养计划并共同组织实施。中外合作办学双方将各自的模式相融合,互派教师、共享资源,并结合我国教育的实际情况,制定出一套独有的制度与体系

续表

模式	特 点	内 容
嫁接型	合作双方各自保留原有的教学模式，对各自教授的课程负责，互相承认学分	在本科机构/项目中，常见的是"2+2""3+1"校园模式，研究生项目中实施"1+1"等双校园模式，也有少数院校实施单校园模式
离散型	中外双方机构只有初步的合作意向，并没有建立长期稳定的合作关系	中方院校只是偶尔聘请外方教师开展讲学、讲座，也会把本校教师送出国访问进修，此外还为学生提供一些短期的出国学习、实习机会，其合作程度是渐进的

作为教育探索者和重塑者，针对未来社会发展趋势和需要，X 大学将国际化专业精英和国际化行业精英作为自己的培养目标。在继续深化和完善苏州工业园区校园已有的国际化专业精英的培养模式基础上，将在太仓校园以融合型教育模式培养国际化行业精英。融合型教育模式通过大学与企业、行业和社会的深度合作模式，将通识教育、专业教育、行业教育、创业教育、管理与领导力教育融合起来，培养具有国际视野、能够站在人工智能和机器人的肩膀上驾驭未来新发展的行业精英或业界领袖。这种新型教育模式不仅能够满足未来的人才需求，而且将有助于中国经济社会的改革和发展，从而增强中国在全球范围内的影响力，并为未来全球高等教育提供一种方案。

经过十年探索，X 大学已初步成功地形成了一种培养国际化专业精英的教育模式。面对人工智能和机器人革命以及创新驱动发展的新时代，X 大学于 2016 年提出了 X 大学"融合型教育"（Syntegrative Education，简称 SE）的新模式。X 大学"融合型教育"是在继续完善其目前的专业精英培养模式的基础上，开发一种新型的教育，即在通识教育的基础上，将专业教育、行业教育、管理教育相融合，培养出引领未来行业发展的国际化行业精英，即 X 大学"融合型教育精英"（Syntegrative Elites）。这种人才是能够驾驭未来新行业的高度复合型的行业精英。他们不仅需要较高的素养和具备一定的专业知识，而且需要具备扎实和系统的行业知识，极强的整合能力、创造性、开拓精神以及管理和驾驭能力。"融合型教育"有三种运行模式：工业与企业定制式教育（Industry and Enterprise Tailored Education，简称 IETE）；X 大学创业家学院（太仓）（XJTLU Entrepreneur College，简称 EC）；创新与创业家社区（Innovation and Entrepreneur Community，简称 IEC）。

X 大学创业家学院（太仓）位于太仓市娄江新城科教创新区，太仓校园 2019 年动工，2022 年 9 月投入使用。2018 年 3 月 26 日 X 大学与太仓市人民政府签署合作办学框架协议；2018 年 8 月 2 日各企业合作伙伴签约；2019 年 9 月 X 大学创业家学院（太仓）招收首批学生；2022 年 X 大学创业家学院（太仓）建成投用。地块总面积约 36.4 公顷，其中，教学区占地约 31.9 公顷，宿舍生活配套区占地约 4.46 公顷，校园周边配套区总面积约 66.6 公顷。整个区域按照 X 大学对未来大学及其校园的理解和融合型教育的办学理念统一规划，体现未来、共生、共享、科技、生态等元素，涵盖学、研、训、创、产、居、商等领域，充分展示未来国际大学与企业、行业、社群、社会的融合特色。2026 年 X 大学创业家学院（太仓）学生人数达 6 000 名，教职工 1 200 名，8—10 个行业学院。

融合、共生愿景——新行业精锐和领袖的摇篮。未来大学和校园的样板使命：X 大学创业家学院（太仓）以融合和共生为主题，通过融合型教育培养行业精英，并进行面向未来的"教育新模式、大学新概念、校园新形态"三大实验，以期为中国和世界未来教育提供 X 大学方案。为新行业培育精锐力量和领导者研发新行业的支撑技术、探索新行业的发展模式及促进和引领新行业的发展，探索国际化高端应用人才培育和办学模式，为未来大学及其校园提供一种解决方案。

X 大学创业家学院（太仓）是 X 大学探索融合式教育办学理念的战略核心。通过 X 大学创业家学院（太仓）的建立，大学将实现"学、研、训、创、产"的深度融合。

学：实现通识学习、专业学习、行业学习、管理学习、创业学习、在线学习与终身学习的融合。

研：实现教师、企业、产业研究院在科研、研发与产业发展上的融合。

训:实现学生在校园公司及合作企业的带职训练。

产:教育、研发与产业发展相融合,通过合作企业促进行业和社会的发展。

创:实现在学校与企业指导下的创业实践与项目孵化。

(一)X 大学创业家学院(太仓)的培养路径"1+3+X"

1. "1+3"

融合型教育模式本科学制四年。第一年在 X 大学苏州校园强化通识教育,提升学生的综合素养。从第二年开始,学生按照自己的人生规划和喜好,选择融合型教育模式的相关行业学院,进入太仓校园各个行业学院,按照行业精英培养大纲,围绕专业、行业、创业和管理与领导力等知识、能力和素养体系进行融合式教育和训练。行业精英的培养将利用行业内领先企业自身的优势资源,使教学内容更好地面向行业发展的方向,采用课堂学习与实习实训有机结合,为学生在校期间就提供高校和企业紧密融合的教育环境。

2. "+X"

为了增强学生的国际视野,在完全国际化的教学环境、国际学位和专业认证、英文教学的同时,学校还将为学生提供多种模式(X)的海外交流机会。学生毕业后,可根据自身兴趣和发展规划,选择海外留学深造或国内直接就业、创业,通过多种渠道,实现人生价值。

(二)共建行业学院

了解已建行业学院信息以及与学校合作的效益。X 大学创业家学院(太仓)突破传统高校的学科教育模式,根据人工智能和机器人时代的行业需求以及未来行业发展趋势,在人工智能、新材料、智能制造、机器人、供应链与项目管理、生物化学、医疗健康等领域,与未来有影响和领袖潜质的行业和企业合作,以融合型教育模式培养国际化行业精英。

(三)行业学院与专业设置

X 大学创业家学院(太仓)的特征有:

(1)按行业设置学院,强化跨专业教育和行业训练。大学根据未来社会需要,选择了对未来人类发展具有重大影响的若干关键行业,通过与该领域国内外著名企业深度合作,联合创建相关行业学院。

(2)创建学习超市,支持终身学习,提供线上线下教育资源和设施,支持和帮助学生及社会各界人士实现人生兴趣的终生追随。

(3)打造开放式的创新工厂、研发群落、创业与企业港、企业与社会联盟,帮助支持学生和社会各界人士创意与创新的实现。

(4)将通识教育、专业教育、行业教育与管理和创业教育融合,增强学生未来社会的适应能力、职业发展的驾驭力和终身学习的能力。

(5)在课程模块上将主修专业与辅修专业融合,并在大一至大三期间,嵌入每年 200 小时的行业训练。学生毕业时,除获得 L 大学和 X 大学的学士学位外,还可额外获得创业创新辅修证书、行业实习实训证书。

(6)与企业深度合作,邀请企业讲师参与授课,将学习、实习、在岗训练、研究、创业、促进产业发展融合,不仅利于学生提前数年进入职场,而且为学生职业生涯发展搭建了通向未来行业、追随梦想的平台;同时也为合作企业伙伴引领未来新行业提供人才、技术、研发、商业模式和企业孵化的支持。

X 大学创业家学院(太仓)的战略目标是"成为国际化高端应用型精英培养模式的探索者和教育样板",即通过与企业行业深度合作,建立应对未来人工智能和机器人挑战,培养国际化高端应用型人才的融合式教育模式;通过创业家学院探索未来国际大学及其校园新模式;通过创新与创业家社区建设形成大学、产业、社会之间的良性互动,以促进创新和支持现代化绿色社会发展。

四、高标准国际专业认证的大规模覆盖

2020—2021 学年,X 大学共计 21 个本科专业获得 57 项国际专业认证,具体包括:数学系的精算学专业于 2019 年获得了精算师学会(Society of Actuaries,简称 SOA)的 VEE 认证;前沿教育研究院的硕士专业

（Postgraduate Certificate in Teaching and Supporting Learning in Higher Education Professional Studies）于 2019 年荣获英国高等教育学院（Higher Education Academy，简称 HEA）的专业认证。

2018 年，X 大学国际商学院全部本科及博硕研究生专业获得欧洲质量发展认证体系（EQUIS）认证，获认证时间之快创 EQUIS 认证世界纪录。X 大学国际商学院现已同时获得国际商管学院促进协会（AACSB）和 EQUIS 两项精英认证，且均以获认证的"最年轻商学院"创下商学院认证史上的纪录。目前，全球有不到 100 所商学院同时获得这两项精英认证。

X 大学国际商学院会计学本科专业获得英国特许公认会计师公会（ACCA）、英国特许管理会计师公会（CIMA）、澳大利亚注册会计师公会（CPA Australia）认证；专业会计硕士专业获得英格兰及威尔士特许会计师协会（ICAEW）认证；建筑系获得英国皇家建筑师学会全面认证；土木工程系所有专业均已获得世界行业权威专业组织英国工程委员会监督机构（JBM）许可认证；应用化学本科专业获得英国皇家化学学会（Royal Society of Chemistry）认证；生物科学本科专业获得英国皇家生物学学会（Royal Society of Biology）认证；电气与电子工程系 6 门本硕专业获得英国工程技术学会（IET）认证。

国际商学院于 2020 年获得全球两大领先商科教育权威机构——英国工商管理硕士协会（The Association of MBAs，简称 AMBA）和商科毕业生协会（The Business Graduates Association，简称 BGA）的联合认证。这标志着 X 大学国际商学院成为全球第 103 所，也是其中最年轻的一所同时取得 AACSB 认证、EQUIS 认证、AMBA 和 BGA 联合认证这三大国际认证的"三冠"商学院。

第七章 结论与展望

第一节 中外合作办学机构的运行逻辑与组织形式

在借鉴新制度主义理论基本观点和经济学中市场机制观点的基础上,研究发现:中外合作办学机构在制度环境和技术环境下根据不同的行动逻辑采取不同发展策略,这是与中外合作办学机构复杂的环境相互建构的结果,是与其环境中的其他行动者的策略性互动所"生产与再生产"的结果。通过考察中外合作办学机构的建立过程可以发现,它们的产生是由政府所属的公立大学自上而下推动建立起来的,其产生逻辑是国家放权于市场的需要,行动逻辑主要为依附式自主。S学院是一个由行政力量推动建立和发展的外源性组织。中外合作办学的出现是全球化、国家(政府)、市场关系转变的需要。根据中外合作办学机构与国家和市场的关系,中国高等教育组织可以清晰地分为三类:公办大学非中外合作二级学院,具有较高的行政化和较低的市场化特征;私立大学(民办大学),具有较低的行政化和较高的市场化特征,而高等教育中外合作机构则同时具有行政化和市场化的特征。

从图7—1可以看出,中外合作办学机构处于国家与市场的中间地带:第一,国家在高等教育领域处于主导地位。国家屡次修改相关法规,规范和促进了高等教育合作办学的发展。国家确保其在满足多样化需求、应对高等教育国际化作用的同时,须受到国家层面一定程度的管控。这一制度安排,既与确保高等教育稳定持续发展的思维息息相关,也与国家通行的跨国高等教育调控有关。此外,必须考虑改革开放后高等教育

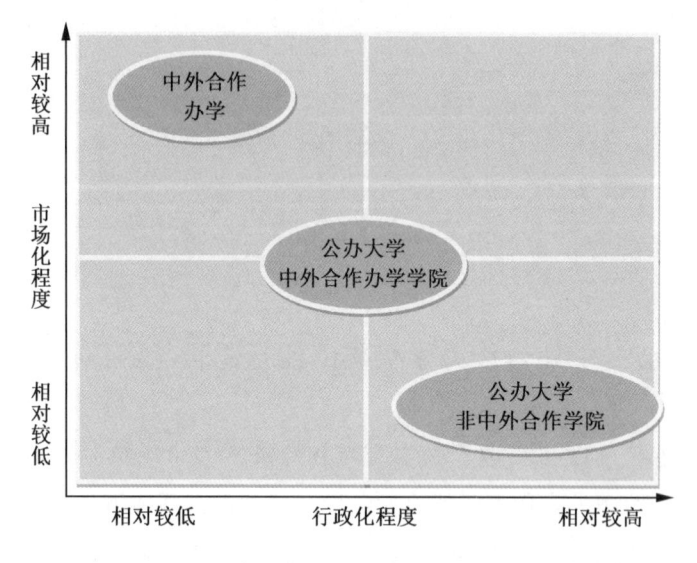

图 7-1　中外合作办学机构的市场化与行政化分析图

体制改革中国家主权维护的影响,《条例》规定中外合作办学必须建立理事会、董事会或者联合管理委员会,而且中方组成人员不得少于二分之一,合作大学校长或者主要行政负责人必须为中方人员。由此,从组织权利的延伸角度来看,国家把中外合作办学机构纳入了管辖范围之内,它对国家的制度依附性十分明显。第二,对于中外合作办学机构来言,市场的逻辑比较明显,其自主性较强。如果不能适应制度环境和技术环境的需求,如无学生报考,组织就会自然消亡。

综上而言,中外合作办学机构大部分没有独立性,依附于政府和所在大学,在技术环境下却有主动性。组织在环境中行动能力的强弱,受到了组织特性、外部环境及组织领导等多种因素的影响,其运作逻辑体现为依附式自主。从制度逻辑来解释,两个维度在逻辑上又是不可分离的。舍弃了任一维度,均不可能完成对中外合作办学机构的完整说明。同时,在转型社会内,大量中外合作办学机构在结构与行动之间可能会存在"脱耦"或分离现象,这种"脱耦"现象正是中国高等教育组织自主性逻辑的体现,涉及组织如何能动地选择不同的要素组合方式开展行动,进而促成了多样化的组织面貌。

一、制度环境下的行动逻辑与组织同形

根据新制度主义理论,中外合作办学机构是个开放的系统,它一直与环境进行互动,制度环境通过强制机制、模仿机制和规范性机制起到了组织同形的作用。在制度环境下,S学院是适应制度环境的要求,行动逻辑为依附式,发展策略也只是被动的。中外合作办学机构面临的制度环境主要包括三个方面的内容:一是宪法、法律、行政法规、高等教育制度、留学政策等,尤其是专门针对中国中外合作办学的法规和文件。如宪法鼓励集体经济组织等依照法律规定举办各种事业。这一规定从办学主体上打破了政府单一办学的体制,允许各种社会力量参与办学,为中外合作办学奠定了宪法基础。《高等教育法》鼓励社会力量依法举办高等教育,参与和支持具有高等教育事业的改革和发展,鼓励和支持高等教育视野的国际交流合作。1994年《暂行规定》颁布后,中外合作办学得到了长足的发展。1996年《关于中外合作办学活动中学位授予管理的通知》,对合作办学组织授予境内学生境外学位作了详细的规定,中外合作办学机构办学活动受到了控制。2004年的《条例》表明了国家对中外合作办学的鼓励和支持,标志着中国对中外合作办学的规范和管理正步入一个新的阶段。二是国际环境。一些关于跨国高等教育的政策与法规和条例,如美国、澳大利亚、英国等国教育部门对高等教育输出的法律法规。三是中国政府出国留学政策和留学生归国优惠政策,促进广大群众对接受国外高等教育的热情,选择到国外深造学习。

面对庞杂的制度环境,中外合作办学机构经过对制度环境合法性的理解、分析和阐释,认为包括高等教育制度改革在内的制度环境为发展提供了空间,但是解决组织生存发展最关键的问题是合法性问题,即组织的合法性。合法性主要是指组织的政治合法性、法律合法性、行政合法性、社会合法性。尽管面临价值选择危机、公共性危机、有效性危机,中外合作办学机构还是获得了组织的政治合法性、行政合法性、社会合法性和法

律合法性。S学院在中澳合作办学过程中对制度环境具有较强的依附性，采取了一系列适应环境的策略，如不确定环境下的模仿与创新、办学理念分歧下的博弈与平衡、文化冲突下的调适与融合、准市场化运作下的公益形象建构与控制。制度环境下的强制性机制、模仿性机制和规范性机制促使中外合作办学机构都设有理事会、董事会或者联合管理委员会，设置了学校的各级管理组织等，模仿成功的中外合作办学机构和公立高校其他二级组织的组织结构和行为模式，遵守同一个中外合作办学的专业规范和标准。正是制度环境尤其是政府管理部门的压力，高等教育中外合作办学组织采取了依附性的行动逻辑，导致中外合作办学机构的同形。

二、技术环境下的行动逻辑与组织多样化

新制度主义认为，技术环境主要是指组织与其他组织的关系、资源依赖程度等。在历史制度主义视域下，分权与放权的制度安排是国家自主行为方式转型的主要根源，国家自主行为的转变又增强了国家基础治理能力的有效程度。中外合作办学所面临的技术环境，主要是围绕合作办学所涉及生源(如上海市高中毕业数量和外省的生源占总生源)，与其他公办高校、民办高校的关系，以及毕业生就业等所构成的环境。在S学院的发展过程中，中国经历了高等教育市场化和高等教育大众化，其办学项目逐步增多，办学层次逐步提高。20世纪80年代市场关系发生转变，中国政府开始在高等教育领域有限度地放权，有限度地让市场参与进来。90年代非学历教育火爆，S学院另行注册成立上海S学院，专门从事非学历教育。同一个组织，两块牌子，齐头并举，形成了S学院从事学历教育，上海S学院从事非学历教育的办学格局。1999年高校扩招后，高等职业教育和其他中外合作院校、民办院校、高考复读班、学历大专扩招、成人夜大、学历认定教育等迅速兴起。作为S组织主要办学项目的计划外生源市场竞争越来越激烈。此时，S学院意识到必须坚持走自己的路，回归当初办学初衷，要矫正从非学历教育热产生的"以计划外教育为主，辅以计

划内本专科教育"的偏差，于是积极采取行动，但是由于合作方 UTS 并未积极地回应 S 学院的办学方向调整，多次协商无果，S 学院只能另辟蹊径，成立中加信息传播组织，解决本科生课程和学历问题。但是由于中加信息传播组织涉及多个国外学校合作办学，利益关系错综纷杂，没有实际运作就夭折了。S 学院又通过多次沟通和谈判，最终成功开始了同 UTS Insearch 组织实质性合作，引进 ICC 的所有课程，颁发 Insearch 本土专科文凭，同时启动本科阶段的高等教育合作，引进中澳双学位课程，提升办学层次，严格办学质量，随后借助 S 大学的发展，开启了研究生教育和留学生教育，从 S 学院办学项目的变化可以看出，正是 S 学院积极应对不断变化的技术环境才有今天的发展。S 学院建立严格的内部质量监控系统，内部质量监控成立了双学位项目管理小组，由项目管理小组、论文质量管理委员会、成绩管理委员会等组织来保障质量。同时 S 学院也积极参与到与中国政府的互动中来，如教育部"211"工程评估、外部质量的检查和考评、2006 年上海市中外合作办学认证等。此外还积极参加澳大利亚质量审计署对 UTS 海外办学项目的评估。通过参加一系列评估、认证，S 学院认识到组织发展的方向，为组织发展打下了坚实的基础。从该中外合作办学机构应对技术环境所采取的发展策略来看，组织为了生存发展，也就是 S 学院为了能招收到充足的学生，收取组织办学所需的经费，就必须一定程度上改变组织办学项目，以更好地适应市场需要，此时 S 学院行动逻辑体现为自主发展。

总体来看，中外合作办学机构在发展的过程中表现出了中国社会转型中特有的运作逻辑，依附制度环境的同时体现出一定程度的自主性，"有限自主"是组织所采取的发展策略，此发展策略既有主动的一面也有被动的一面，组织形式表现为表象上的同形而实际办学项目呈现多样化，甚至企业化和事业化特征。

第二节　组织与环境关系再讨论

一、中外合作办学机构的组织特性

考察中外合作办学机构的建立过程,国家推动建立中外合作办学机构主要是基于两种需要:一方面,高等教育体制改革需要有组织地放权于市场,满足多元化的市场需求;另一方面,高等教育仍然是需要中国政府严格控制的领域,不能完全受市场调控。中外合作办学机构正是应这种双重需要而建立的,这也使其自产生之日起就必然具有双重性。S学院实际上在S大学已成为学生收费的双轨制、办学形式的校中校,主要体现在以下三个方面:

(一)计划性与市场性交织的运行机制

中外合作办学机构采用的是准市场化的运行机制和办学模式,与欧美发达国家高等教育输出追逐利润的背景密切相关。首先,办学经费的市场性。由于S学院的招生实行较高的收费,开办之初的1994年学费为每人每年8 000元人民币,目前为计划内每人每年15 000元人民币,自主招生每人每年39 000元人民币,远高于同期计划内学生的学费水平,其办学经费完全来源于市场。其次,S学院办学机制具有较强市场性、办学自主性与灵活性。如S学院管理机制实行董事会领导下的院长负责制;专业设置体现出很强的市场经营意识,从办学初期的国际贸易及英语、国际商务管理及英语、西方会计及英语等,到目前设置的国际经济与贸易、金融学、信息管理与信息系统等;人事聘用上实行双轨制,一部分由S大学内部调入和根据人才引进政策的人员,受聘为S大学教职人员的校内编制。1999年起其余从社会招聘人员均列入人事代理系列,由S大学人才服务中心委托管理,做好派遣人员的录用、退工、缴纳四金、办理居住证等相关工作。2000年9月,S学院除从学校系列每年引进一些教师外允许向社会招聘必需的工作人员,相关人员的一切费用都由S学院自行承担,列入社会招聘的企业编制,合同终止后退回社会。再如,分配制度方面,由于S学院"自筹经费、自负盈亏"的组织性质,除了按照国家政策核发员工的各项工资收入及福利待遇外,其他工作由组织根据考核、考评等自行决定,实行市场化分配。但从管理角度来看,国家仍然只是把它作为普通的大学二级组织进行管理,同样参加"211"工程评估、本科教育水平评估等。S学院除了面临市场自主招生之外,还要受到上海市政府计划控制和S大学控制,如教育部严格控制中外合作办学的招生名额、专业设置和国外留学直通车等项目的审批。因此,S学院是通过普通公办高校优质资源与国外高校合作而形成的一种新的组织模式,兼具市场与计划的双重优势。

(二)依附性与独立性共存的办学实体

随着上海经济改革和浦东开放对国际复合型人才需求急剧增加,S学院兴办之初衷是借助S大学的办学优势,利用澳大利亚高校优质教育资源来满足人才市场的需求,创办一个完全不同于S大学其他二级组织的办学机制的中澳合作办学组织。正是S大学在师资、品牌、教育教学等软硬件方面的支持,才使S学院具有较高的办学起点,可以较快地开设高质量、高层次的中澳合作办学项目。尽管S学院实行自负盈亏,但在中澳双方共同组成董事会中,中方管理人员仍然由S大学相关部门行政领导担任。在学历教育招生方面,S学院在招生政策上与S大学相同,且计划内招生从S大学国家招生计划中扣除。S学院招生计划中的计划内招生名额,由国家下达的普通本科招生计划总数内统筹安排,不得擅自超计划招生,不得降低批次降分录取。同时为了保证S学院的教育质量,S大学对S学院的教学和管理负有责任,S学院必须参加国家对S大学本科教学评估以及"211"工程评估。尽管不是独立设置的法人单位,但S学院具有相对的独立性,具体表现如下:

1. 在教育教学方面

S学院拥有相应的办学自主权,有独立的教学计划、独立的教学活动、独立的学费制度和独立的师资队伍。

2. 在财政方面

S学院有独立的财务会计组织和人员,有独立的账户,在一定额度内有权支配自己的办学经费,独立进行财务核算。独立财务是S学院自主性的重要标志,所有办学经费来源于学费收入和培训收入。由此可见,S学院在财务上的独立性极大地促进了S学院自主办学,有别于其他普通的非中外合作办学机构。

(三)公立性与营利性兼容的办学理念

2003年在挪威召开的"第二届教育服务贸易论坛"上,西方国家提出了跨国高等教育获取经济利益的理念,这种理念强调通过发展跨国高等教育,丰富高等教育机构的收入来源,以此来弥补政府经费投入的不足或通过发展跨国高等教育开拓新市场,扩大国际教育市场的份额。在某些OECD国家,尤其是澳大利亚和英国的发展策略中,追逐经济利益的思想十分突出,他们都高度认同高等教育的产业化和市场属性,把高等教育看作是出口产业,认为高等教育出口可以增加收入,弥补教育经费不足,并能保持贸易的平衡。

我国中外合作办学的目的在于引进国外的优质教育资源,引进具有先进水平和领先优势的课程、教材、教学理念、教学方法等,创新我国高等教育办学体制、人才培养模式,为我国高等教育体制改革服务。《教育法》中也有不得以营利为目的的办学规定。S学院作为公立S大学众多二级学院中的一个,也必然承担公立大学向公众提供公共服务的责任和义务,只有秉承了社会教书育人的理念,才能符合社会和公众对高等教育的道德期待,因此对于S大学或中国大学来说,这是中外合作办学而非中外合资办学,但是对于外方合作大学来说,就是高等教育市场输出,其本质就是追求利润,海外高校力量介入公办高等教育市场,澳大利亚政府和澳大利亚UTS大学重视中国高等教育市场长远发展前景与稳定的利润回报,具有投资办学的特征。

二、组织与环境关系再讨论

过去的许多年,关于中外合作办学机构的研究大多受到教育学的影响,绝大部分研究都是从宏观的角度和国家政策的角度来分析,然而通过本研究的新制度主义的检视和经济学上相关理论的检视,重新反思中外合作办学机构在合作办学过程中所呈现出的行动逻辑以及组织发展策略,发现中外合作办学机构除了受制度环境的形塑之外,更是国家高等教育市场竞争自然选择的结果。

从中外合作办学机构的产生过程来看,并不是自发成立的,而是国家部分放权于市场的需要而有意识地建立的。通过对中外合作办学机构成立及其发展过程可以看出:随着中国高等教育体制改革的深化,高等教育领域内将会有更多拥有自主权力的教育组织,如中外合作办学机构、独立组织和高等民办教育组织,它们的自主、自治意识在逐渐增强。但是,刚性的制度力量是任何教育组织无论采取何种策略都必须要面临的问题。改革开放40多年来,国家权威及其符号仍然在中国社会的各个领域发挥着巨大的作用,尽管中外合作办学组织已不再是一个新生的事物,但是政府对中外合作办学机构的态度直接影响着其运作和发展,国家政策导向对其发展壮大起到关键性作用。这表明,中外合作办学机构构成的发展空间很大程度上依赖于国家。从中外合作办学机构对待国家的策略上可以看到,在一个以国家占主导地位的社会中,中外合作办学机构在办学策略上须与政府的政策保持一致,取得政府的认可。在与政府等制度环境的行动者进行互动的过程中,中外合作办学机构只能是适应制度环境的"合作者"的角色。

但是,中外合作办学机构并不仅仅是被动的"适应者",也是具有自我理性的"行动者"。当中外合作办学机构开始合作办学的时候,其目的不只是创新高等教育模式,而是希望可以通过办学活动实行经费独立和高等教育国际化的需求。当该组织面临制度环境不断变化时,尤其是政府对中外合作办学行为不断约束和规范时,在此过程中采取了合作的策略。

然而在高等教育市场化和高校扩招之后,中外合作办学机构不得不面对市场激烈的竞争,提高办学项目的质量,实现质量控制。由此可以发现,中外合作办学过程充满了策略性行动。新制度主义者孔德拉与海宁斯(Kondra & Hinings,1998)指出,组织与环境的互动中,组织对环境的适应分为成功者、失败者和顺应者。无论组织选择怎样的发展策略,终究只有一部分组织成为成功者。区分成功者和失败者的一个方法是采用效用函数。所谓"失败者",就是那些对环境的适应度最差的组织,反映技术环境下的效率机制上,他们的效用较低。他们是制度环境的弃儿,总是偏离制度环境的正面要求。如果他们不能够依靠足够的信息和知识资源,被环境所淘汰就成为他们必然的归宿。所谓"成功者",就是那些对环境的适应度最好的组织。在同等适应制度环境的条件下,他们的效用较高。因此,他们常常可以忽略环境的要求,采取主动策略来提高营运绩效,而外部环境对他们的威胁和冲击最小。介于成功者和失败者之间的是所谓的顺应者,他们的效用介于成功者和失败者之间,但是他们的地位往往是不稳定的,不可能长期处于平均绩效水平。绩效上升或下降将左右他们最终晋升为成功者或不幸沦为失败者,努力顺应环境并提高绩效水平是他们唯一的选择。

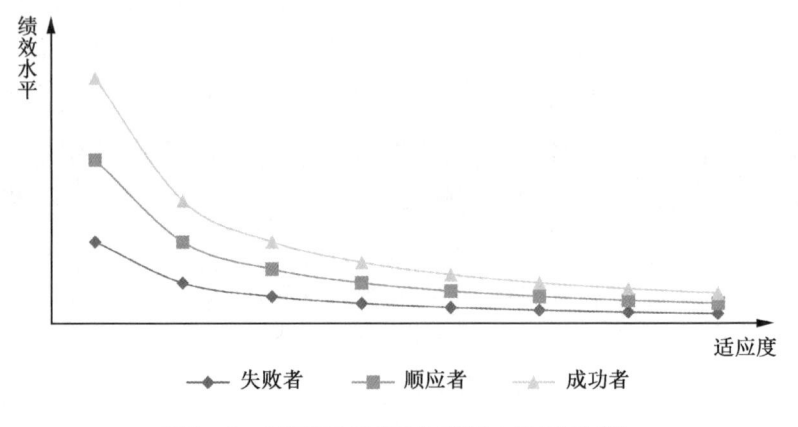

图7-2 S学院的适应度与绩效水平(成功者)

如果以 S 学院中澳合作办学中对制度环境作为适应性为横轴,以制度环境下组织的核心办学项目发展达到环境绩效水平为纵轴的话,S 学院是一个高度适应环境并善于从环境吸取力量的成功者,是对制度环境的高度依赖下又有较大自主性的组织(见图 7-2)。因此,中外合作办学机构的生存发展策略或许可以揭示中外合作办学机构的发展历程,这实际上是寻求把握政府与中外合作办学机构之间的一种平衡。

中国尚处于社会转型时期,市场社会还未发育成熟,中外合作办学机构发展仍然受制于我国社会环境,其发展主要取决于中国政府政策和中国经济的发展程度,尤其是学生就读中外合作办学机构和国外留学,需要高额的费用,客观上还受到中国中产阶级数量的限制。中外合作办学机构与欧美发达国家合作办学,借助国外高校的优质教育资源和先进的办学理念,相对于民办高等教育来讲,可能有一个较高的发展起点,随着中国高等教育国际化的大力实施,高质量的中外合作办学机构可能具有对中国公办高校非中外办学组织形成冲击和挑战的潜力,但在实际运作中,还是存在诸多的缺陷,主要表现在以下几个方面:

第一,结构上模仿,组织上同形,在组织结构和运行机制上缺乏创新精神。

第二,缺乏牢固的根基,一旦合作中断,专业也将面临停办的风险,同时存在课程与教学本土化问题。中外合作办学机构专业设置上依赖国外高校,课程设置、实施及管理等由外方负责,在有效保障引进课程"原汁原味"的同时,也必须实现课程与教学本土化。在专业课程教学中,如何在保持和发挥国外一流高校专业和课程特色优势的同时,进行课程开发与创新,实现其内容和形式与中国转型社会相结合,以实现本土化的问题,这是急需解决的问题。

第三,科研上低水平徘徊,缺乏科研抱负。绝大多数中外合作办学机构的定位是在教学和培训方面,有的甚至只是国外高校的留学预备班,定位在为国外高校输送生源,这将极大地影响其未来的发展。随着中国经济的腾飞,越来越多的家庭能够支持学生直接到国外高校学习的费用,此类中外合作办学机构将面临生源危机。另外，中外合作办学机构中一部分外籍教师来自全球招聘和选派，来华工作时间较短，从几个月到两年不等，缺乏稳定性，流动性非常大，很难在教学、科研和学术上有所发展。在课题申请方面，由于受制度和语言等方面的限制，外籍教师的课题和经费主要还是来源于国外申请的课题或研究项目。这些因素都极大地限制了中外合作办学机构的科研发展。

第四，数量规模偏小，影响力较小。如何做大做强，如何获得更多教育部资格认可的招生名额，还有很长的路要走。

从组织社会学的角度来看，未来中外合作办学机构的发展前景在很大程度上取决于中国的制度环境，尤其是获得中国国家政策的允许和支持，这将对中外合作办学机构的未来有至关重要的作用。如果国家政策大力支持和鼓励发展中外合作办学机构，并且在具体组织方式、管理方式、政策和经费等方面给予支持的话，中外合作办学机构将有一个良好的发展空间。更为重要的是，面对技术环境的要求，如中外合作办学机构能确保引进世界一流高校的优质教育资源，严格监控合作专业和课程的质量，中外合作办学有可能发展壮大，与世界一流高校接轨，成为与中国公办高校在高等教育领域中同样重要的力量。反之，如果中外合作办学机构不注重办学质量的提高、办学项目的改进，就很难成长起来，可能像中国民办高等教育一样，无法与长时期处于高等教育等级体系中高端位置的公办教育竞争。另外，合作双方的办学定位也决定着中外合作办学机构的未来发展，如果只是热衷于定位为留学预科班，为国外高校输送生源，或者只定位教学单一功能，没有更大的教育抱负，尤其是科研上的抱负，中外合作办学也难以真正发展起来。现在中国富裕的家庭已经能够承担学生直接到国外留学的费用，所以学生是否选择就读于中外合作办学机构，取决于它在中国高等教育声望体系中的位置，也就是中外合作办学机构的办学质量。

由此可见，新制度主义虽然可以部分解释中国社会转型情况下制度环境对中国高等教育组织起到的作用，但新制度主义并不能解释技术环境下组织的自主性。在中国特有的转型社会背景下,组织的自主性如何生长并进一步壮大,有待进一步验证。

第三节 中外合作办学未来展望

一、中外合作办学对我国高等教育的意义

中外合作办学场域的等级结构与我国公办高等教育的等级结构形成了一个对应的关系。我国民办高校分化程度不大,整体上位于我国高等教育场域中较低的位置,而中外合作办学组织则跨越了多个等级,从较高的等级到较低的等级,都分布有项目或机构。中外合作办学对于中国高等教育的意义可以从以下几个方面进行说明:

(一)增加了我国高等教育的供给

中外合作办学进入中国之时,我国高等教育尚处于精英化阶段,到2018年,我国高等教育即将跨入普及化阶段,即适龄人口的50%都会接受高等教育。在这个高等教育入学率爬坡的过程中,公办高校是主力,民办高校是助力,中外合作办学项目和机构虽因平均规模较小,总体提供的学额不如民办高校多(不足300万人),但也是一支重要的供给力量。

(二)增进了我国高等教育的多元化

在中华人民共和国的高等教育发展历史上,公办教育长期以来都是民众的唯一选择,20世纪80年代同时出现了民办教育和中外合作办学两种新的办学类型,民众的选择增多。民办教育为那些高考分数较低的同学提供了接受高等教育的机会,一些民办高校因其鲜明的市场定位为部分学生提供了替代无特色、低质量的公办高校的机会。与之相比,中外合作办学包含的意义更为丰富。一则中外合作办学连接起了中国和外国,为学生提供了出国接受教育的机会;二则中外合作办学中的中方高校和外方高校是一个范围广泛的高校群体,其中既有公办高校,又有民办高

校,既有高声望高校,也有低声望高校,不同的组合为不同类型和层次的学生提供了机会。中外合作办学唯一的限制是家庭经济支持能力,也就是说,只要家庭可以支付得起较高的学费,这些学生基本上都能够找到一个适合自己的中外合作办学项目或机构。

(三)提供了西方教育模式的在场运作示范

中外合作办学因其定位于"原汁原味"的西方课程与教学的理念,因此,基本上是把西方办学模式移植到国内来,很多中外合作办学就是把国外合作方的办学方式直接拿过来。西方教育方式不再是发生在遥远他国的传说,不再是道听途说,也不再是专家笔下的分析对象,而是活生生地展现在中国民众面前,供人观察、报道、参与、比较和评论。西方教育模式在某种意义上实现了去魅,成为民众习以为常的教育方式,其优点和缺点能够得到更为客观的评价。这种在场运作也极大地方便了学者近距离进行深入分析和研究、办学者进行交流和互相借鉴。

(四)成为中国高等教育的有力竞争者

中外合作办学场域的等级性较大,跨越的上下等级范围较为宽广,从而与原有的等级性公办高等教育构成了一种同构的关系,在每一个等级上都可以与公办高校构成竞争关系。这里的竞争包括两层意思:一是生源上的竞争。随着适龄人口减少,经济水平提升,高等教育普及率越来越高,生源上会出现激烈竞争,进一步敦促高校进行改革,寻找更具竞争力的办学办法。二是办学模式上的竞争。中外合作办学带来的多元办学方式对我国原有的大一统的同质性很强的办学模式构成竞争,特别是在显示度比较高的高声望大学这一层次,中外合作名牌大学与国内名牌大学的竞争,会把双方的办学利弊更明显地展露出来,迫使它们改革自身。实际上,现在国内很多名牌大学都在进行力度很大的改革。

作为高阶国际化教育的探索者,很多中外合作办学背后都蕴含着合作方的教育雄心。如上海纽约大学是纽约大学在全球教育布局中的中国校区,宁波诺丁汉大学是诺丁汉大学在全球教育布局中的中国校区,同样中国的高校也开始走出国门在全球布局。这是一种全新的教育国际化方式，不同于之前的校园内部的人员、教学和科研的国际化，也不同于一国之内的多校区，而是全球范围内的多校区；教育的培养不再是一国一校园内的培养，而是全球多校园游学式的培养；不再是某一民族国家国民的培养，而是世界公民的培养；不再是在一地思考世界问题，而是在世界思考世界问题。在这个新的国际化教育模式下，时间和空间都得到了极大的延展，它们被重新定义，从而也塑造了学生全新的时空观和思维方式。这些学生成长于时空转换中，习惯于世界性视野。从这个意义上来看，这是一批真正的地球村村民，是对全球化的最深度的适应，是未来全球化治理的中坚力量，是人类的希望所在。

二、中外合作办学的发展展望

中外合作办学在中国会有怎样的未来，难以准确预测，在此仅略做分析和展望。中外合作办学因涉及跨国的合作，国际关系和国家政策是最大的变数。中外合作办学起始于全球化的新一轮启动，兴盛于全球化的快速发展，现在国际形势已进入去全球化的反向运动时期，各国为自我保护加强了交易屏障，国际关系也开始紧张，这是否会通过什么机制传递到教育合作上，还有待观察和考察。不过，教育合作和交流属于文化领域的事务，交流主要是中外高校之间的民间行为，如果没有特别大的国家之间的战争，应该不会受到太大的影响。从中国的角度看，虽面临复杂多变的国际环境，中国政府仍明确表态，坚持开放政策，鼓励国内高校走出国门去办校。因此，就目前来看，中外合作办学在政策上的发展空间仍然较为宽松。在此前提下，以下几个问题仍有必要进行深入的讨论：

（一）定位问题

中外合作办学作为一个子场域的定位是否可能改变。目前中外合作办学是利用国外教育的吸引力，在公办教育、民办教育、国外教育之间找到了一个自己的小生境(niche)，面向国内的中产阶级家庭子女，定位于移植国外高校的课程教育体系，实现不出国门享受国外"原汁原味"的教育,并以此在中国高等教育场域中占有一席之地。随着中国高等教育的入学率越来越高,越来越多中国高校跻身于世界名校之林,国外教育的整体优越性将大打折扣,高校个体的质量状况将变得更为重要。在这种情况下,中外合作办学的以上定位是否还有效？将会发生怎样的变化？是否会出现真正的课程合作,而非整体移植？

(二)异质性问题

中外合作办学场域中组织量大而多样,内部异质性比较强,未来可能会出现类型之间的分化,不同类型会面临不同的发展处境与机遇。从不同角度可以划分出不同的类型,其中两个角度具有较大的分析价值。一是办学质量的高低之分,或者组织声望的高低之分。高声望中外合作办学会保持竞争力和吸引力,低声望中外合作办学可能会面临更大的生源上的挑战。二是中外合作方的强弱联合之分,可以产生四种类型：中强外强合作、中强外弱合作、中弱外强合作和中弱外弱合作。把两种分类方式结合起来,应有八种类型,考虑到高声望中外合作办学不可能是中弱外弱合作,低声望中外合作办学不可能是中强外强合作,因此,比较现实的是六种类型。可以预见,在市场选择和监管加强的情况下,低声望中外合作办学中的三种合作类型可能会逐渐收敛到中弱外弱合作,高声望中外合作办学中的三种合作类型可能会收敛到中强外强和中弱外强合作。

(三)持续性问题

中外合作办学已经成为响应"一带一路"倡议、服务社会经济建设、教育对外开放的重要工作内容,也是高等院校促进"双一流"建设、国际化发展和创新型人才培养的重要举措。随着中外合作办学项目的运行,合作双方原始办学资源的差异、管理理念和标准的变化等都持续不断地碰撞,从不同角度、不同层面影响着优质资源引进和融合以及提质增效,进而成了此类项目可持续发展亟待解决的问题。与此同时,中外合作办学项目全面开花,丰富了国家教育形式和内容,使得中外合作办学在性质、类型、专业、层次上都得到完善和发展,同时也让项目在高校同行之间形成了竞争的关系。当前,要想实现中外合作办学的可持续发展,必须加强内涵建设,建立中外合作办学质量保障体系,进一步提升中外合作办学教育教学质量。中外合作办学质量保障体系包括质量管理、质量监督与质量评估。可操作性上要考虑到外方的教育体制、法律法规、国际环境等多方面因素,借鉴发达国家的成功经验。从互惠互利的角度来看,中外合作办学合作双方对教育的功能定位不同是项目持续发展首先需要解决的矛盾。我国《条例》第三条规定:"中外合作办学属于公益性事业,是中国教育事业的组成部分。"基于这种定位,中外合作办学中方在项目中前期目的主要是"引进优质教育资源",接着是"提质增效、服务大局、增强能力"。我方强调其社会功能和社会效益,并且必须保证教育服务于国家和社会,而境外教育机构在中国开展合作办学依据的是 WTO 规定,视教育为一种产业,合作办学主要目的就是为了经济获利。显然,对于教育行业定位而言,我国与国际通行做法还有较大区别,中外合作双方两种截然不同的教育体制在合作项目运行过程中互相碰撞和不断融合,存在不同层面、不同维度、不同程度的矛盾和危机是正常现象,需要双方互谅互让,充分实现互惠互利。除了中外办学双方外,教育消费者和执教者的利益在不同教育运行管理模式中理应得到保护,需要中外合作双方共同对教育消费者负责。否则,这类利益冲突也有悖于合作办学的可持续发展。

21世纪初以来,一批拥有"独立校园",通过"单独投资"或"合作办学"的形式设立,颁发"境外高等教育机构学位证书"的跨境大学在全世界范围内兴起。作为跨境经营的办学主体,跨境大学不可避免地受到跨地区、跨文化、跨制度等因素的影响,其经营面临诸多障碍和风险,发展的可持续性一直受到质疑。在中国特定的政策语境下,跨境大学以"中外合作大学"的形式存在。处于发展探索期的中外合作大学,其经营和发展仍面临一系列问题和挑战。中外合作大学能否实现可持续发展?影响中外合作大学可持续发展的要素有哪些?中外合作大学可持续发展的路径是什么?这些都是未来研究要解决的根本问题。今后的研究更多地要通过借鉴高等教育学、管理学、经济学等学科的理论工具,以中国特色跨境合作办学理论为统领，以高等教育全球本地化理论、大学利益相关者理论、高等教育借鉴—超越理论为借鉴，采用调查研究法、比较研究法等多种研究方法和策略，从横向（国外和国内）、纵向（历史发展）、内因和外因等不同角度，全方位分析中外合作大学可持续发展的要素，寻求我国中外合作大学实现可持续发展的根本路径。

（四）数字化问题

随着我国综合国力的提升，对于国际化人才的需求也呈现上升态势，中外合作办学为国际化人才的培养提供了有效途径。而信息技术的提升与其在教育领域的有效利用，对合作教育而言既是挑战也是机遇。在信息化时代背景下，对国际专业人才的需求导向、中外合作办学的方式方法以及现有资源的利用都需要进行深入的实践研究。

信息技术的发展带来了高校教学方法及学生学习方式的巨大变化。高等教育信息化建设是推进高等教育普及化和国际化的有效手段，更是实现教育跨越式发展的重要途径。中外合作办学涉及高等教育资源的跨境流动与课程体系的共建共享，是高等教育信息化的前沿。"云校园"概念借助互联网线上教学管理平台，在云端构建起中外合作办学高校间共享课程、师资、教学资源和学生的"课程联盟"，未来的研究毫无疑问会聚焦在如何在"云校园"中实现中外高校教学管理、人才培养、学术交流的优化方面，以及如何在新模式下对创新中外合作办学人才培养产生更加积极的影响。

（五）国际化问题

经济全球化影响高等教育国际化的一个不可忽视的事实是，这种影响对发达国家和发展中国家之间存在很大差别。发达国家在高等教育国际化中无疑处于优势地位，对外输出教育资源，既能开发利用其国内剩余的教育资源，又能向发展中国家传播其本土文化和价值观，获取文化、人才和经济的多重收益。对于发展中国家而言，高等教育的国际化则是一把"双刃剑"，一方面发展中国家能够通过高等教育国际化在一定程度上弥补智力资源的不足,促进本国文化融入国际社会;另一方面,在利用高等教育国际化这一有利机遇进行弯道超车追赶发达国家的同时,也使得自身教育主权和民族文化传统受到了很大的冲击,导致发展中国家在全球范围内人力资源的争夺战中处于下风,使得发展中国家的人才流失非常严重。因此对于发展中国家而言,高等教育国际化具有积极作用,但是也要付出相当大的代价。

目前,高等教育国际化不仅表现为集中于学术研究和教学人员流动,而且涉及高等教育的内部层次,也就是教育项目和院校层次的跨国流动。例如,英国的诺丁汉大学分别于 2000 年和 2005 年在马来西亚和我国设立了分校和独立设置的中外合作办学机构;欧盟自 1987 年开始在其内部各国高校之间展开了"伊拉斯莫斯"计划,都是较为典型的区域合作计划。还有一个明显的变化是,高等教育发展的不平衡性继续扩大,跨国高等教育既有教育输出方,也有输入方。发达国家中尤其英语国家,是各种教育服务项目机构及资源的主要输出国,欧盟中德国、法国等紧随其后,发展中国家大多是教育输入国。作为教育的输出方,控制了跨国高等教育项目和机构,以及提供国际资格认证或质量保障的机构,在跨国教育中处于绝对优势地位,并从中获得了绝大部分经济利益,西方学者所揭示的世界学术中心和边缘的区分,在高等教育的全球化竞争中变得更加错综复杂。

中外合作办学作为高等教育国际交流合作的重要手段,在推动我国高等教育国际化发展进程中发挥着不可或缺的重要作用。当前中外合作办学已进入从扩大规模到提质增效的关键时期,现阶段与我国高等教育现状的不适应问题仍存留于不同的领域、层面和程度上,归根结底反映了合作办学"本土化"和"国际化"的融合问题。如何在新时期把高等教育国际化这把"双刃剑"的正面效应发挥到极致,通过中外合作办学进一步提升我国高等教育国际化发展水平,已经成为国内学者和高校管理者需要认真思考的问题。理性地从教育思想与人才培养目标、办学体制与工作机制、专业建设与课堂教学、留学状况、教学质量监督与评价机制五个层面展开中外合作办学"本土化"与"国际化"融合的深度思考,结合调查研究才有可能提出一系列合作办学人才培养的实践经验与创新方案。基于我国高等教育国际化发展的现状，系统关注高等教育国际化发展过程中存在的主要问题有：一是部分学科在国际综合排名中处于落后位置，二是人才培养的国际化水平有待进一步提高，三是中外合作办学规模有限，四是境外办学工作有待加强，五是缺乏高效的合作办学的国际平台。针对这些问题，如果分别从构建国际化课程体系和利用国外优质教材资源以及加强国际化教师队伍的建设视角出发，极有可能探索出依托中外合作办学促进我国高等教育国际化发展的新途径。

（六）跨文化问题

经过近40多年的探索与发展，高校中外合作办学工作在国家的扶持下已逐渐走上规范化和法治化的发展道路，在培养我国社会主义现代化建设急需的高素质国际化人才，推动我国教育国际化和传播中华民族优秀文化等方面发挥了显著作用。但就目前而言，高校中外合作办学项目在引进优质高等教育资源上还比较薄弱，对学生跨文化适应状况的了解与跨文化能力培养的重视程度还不够，尚缺乏系统、有效的跨文化培训方案与具体措施，在促进和保证学生的个人发展与健康成长方面还存在很大的改善空间，尤其是在吸收合作方优质教育资源的基础上，对教育教学理念、人才培养模式等方面仍存在重数轻质等问题。关于跨文化管理的研究无论是在国内还是在国外都不少，但是涉及中外合作办学方面的成果却凤毛麟角。中外合作办学机构既有国际企业的性质，又蕴含中外教育交流、融合等特殊教育服务属性。王元（2010）将企业国际化运营中的跨文化管理理论应用于具有特殊性的中外合作教育机构，并通过实践经验的总结提炼，对此类问题的理论研究提供了一定参考价值的研究思路。杜佳明（2018）运用问卷调查的研究方式对学生留学期间的跨文化适应状况及其影响因素进行调查和分析，并提出了研究对象在留学期间跨文化适应影响因素的研究假设。今后研究的创新点主要应该关注研究对象的转换，即对跨文化适应问题的研究对象要调整为中外合作办学模式下的中国留学生，对此群体的研究现阶段的关注度还不够，因而此类跨文化问题的探索可以充实目前国内对留学生跨文化适应的研究成果。另外,作为跨文化交际能力的重要情感组成部分,对跨文化敏感度也有必要进行深入的研究。

(七)趋同化问题

改革开放以来,中外合作办学作为我国教育对外开放的新模式,在前进过程中从未停止探索。作为一种处于发展期的教育形式,在其发展过程中难免会处于不断遇到问题、解决问题的反复调整过程中,最终演变成一种较为稳定的教育形式。由于中外合作办学牵涉两个国家的教育资源,通过教育资源与本土结合,从而形成"倒逼"机制,促进其他两种办学模式的开展,因此中外合作办学的发展任重而道远。我国中外合作办学目前呈现的总体特点是"重审批,轻管理,弱服务"。然而由于政府部门权力相对集中,政府在工作过程中面临的实际问题千头万绪,从而使中外合作办学出现了专业引进重复、地区分布不平衡、合作院校水平较低、引入课程不够优质、学位授予混乱等现象,"贵族学校""有钱就能去的学校"等观念深入人心,影响中外合作办学的声誉。趋同化问题错综复杂,如何解决?思路在哪里?目前看来难以在较短的时期内取得令人满意的研究成果。

(八)风险管理问题

我国在风险管理领域的研究和应用起步相对较晚。国资委在2006年发布了《中央企业全面风险管理指引》,财政部等五部门在2008年联合发布了《企业内部控制基本规范》,2010年联合发布了《企业内部控制配套指引》,标志着融合国际先进经验的中国企业内部控制规范体系基本建立。对比欧美国家从内部控制到风险管理框架的提升,我国目前还处在研究和应用的初级阶段(见表7—1)。

表 7—1　　　　　　　　各级政府部门审批的范围

审批部门	审批范围
国务院教育行政部门	申请设立实施本科以上高等学历教育的中外合作办学机构和项目
省级地方人民政府	设立实施高等专科教育和非学历高等教育的中外合作办学机构(需报国务院教育行政部门备案)
省级教育行政部门	设立实施中等学历教育和自学考试助学、文化补习、学前教育等的中外合作办学机构 申请举办实施高等专科教育、非学历高等教育和高级中等教育、自学考试助学、文化补习、学前教育的中外合作办学项目(需报国务院教育行政部门备案)
省级劳动行政部门	申请设立实施职业技能培训的中外合作办学机构和项目

尽管我国中外合作办学监管机制仍在不断的努力完善之中,但仍然显得力度不够,而且在《条例》中尚未以立法的形式建立起必要的监管机制。在对中外合作办学的管理过程中,目前仍存在以下三个方面的显著问题：

(1)中外合作办学的设立标准和评价标准笼统、含糊,造成了引进优质资源有时事与愿违；

(2)缺乏规范的监管模式和流程,对中外合作办学的过程监管不到位；

(3)缺乏透明有效的社会评价体系和社会公正,政府的监控和社会的评价仍处于法律缺位状态。

他山之石,可以攻玉。汪昊等人(2022)提供了一个中外高校合作办学风险防控的经典范例,即加州大学风险防控管理模式。加利福尼亚大学(以下简称加州大学)是全球最早开展风险管理的高校。加州大学基于企业风险管理框架在 2004 年 11 月开始设立风险管理负责人岗位,于 2007 年完成了各大校区和所属医学院的风控专家组建立工作,2008 年正式启动风险管理信息系统,实现学校层面的风险信息收集和共享,2009 年在 ERM 框架模型的基础上开发了 ERM Maturity Model。加州大学的风控管理得到包括标准普尔在内的很多机构的高度赞誉,成为高校风险管理的示范单位。加州大学的风险管理准备工作分为三个步骤:第一步是成立专家组,第二步是撰写相应的章程,第三步是制订相应的计划。值得指出的是,第三步是在ERM框架八个要素的基础上制订的计划,这八个要素为:目标、环境、事件识别、风险评估、控制事件、风险响应、信息沟通和监控监督。在制订计划的具体步骤上,加州大学对每个要素都进行了描述,包括要素的总目标、子目标,专注的领域,具体工作的项目,预期成果和评估方式,相应的领导以及时间表。同时,加州大学根据高校管理的特殊性,将风险划分为八个类别:灾害风险、财务风险、IT风险、生源与师资风险、科研风险、法律与政策风险、校园风险、基础设施与维护风险。在具体实施上,加州大学创建了一系列工具用于风险管理实施。

如何妥善应对中外合作办学遇到的风险问题,降低风险问题带来的不良影响,促进中外合作办学管理工作健康、有序发展,是摆在所有教育工作者面前的一个难题。林金辉和凌鹊(2021)提出中外合作办学面临的主要风险有政治安全风险、意识形态风险、学术管理风险、师生流动风险、法律摩擦风险、财务风险等,中外合作办学必须持续加强规范化建设,必须坚持法治化、标准化、制度化,把握和尊重中外合作办学发展规律。中外合作办学的专业设置、课程、教材、师资引进要加强意识形态风险的科学管控。应牢牢把握中外合作办学的中方主导权,把安全发展贯穿于中外合作办学全过程和各环节,在规范化建设中形成高效的监管体系和监管合力。

(九)政府监管问题

近年来,随着高等教育中外合作办学模式越来越受到学生和家长们的关注,我国对中外合作办学在提质增效方面也提出了更高的要求。在高等教育中外合作办学不断发展的同时,也出现了非法办学、违规办学的案例,暴露出我国政府部门在对中外合作办学的监管方面还存在诸多问题。因而,探讨我国高等教育中外合作办学政府监管存在的问题及原因提出具有针对性的对策建议,对提高中外合作办学监管水平、保障合作办学可持续性发展具有深远意义。在提高中外合作办学质量的过程中,政府监管发挥着不可忽视的重要作用。以我国实践经验以及现阶段法律政策的相关规定为基础,探索中外合作办学的行政监管体系的构建,可以更好地解决主体职责设置不平衡、准入审批制度不完善、过程性监管不到位、质量评估制度不成熟、政府统筹引导不及时的问题,进一步实现行政监管服务于教育事业。在理论方法选取回应性监管理论、全面质量管理理论、利益相关者理论作为政府监管问题分析的主要理论基础;在实践方面应结合当前我国关于中外合作办学行政监管规定的基础上,通过分析其他地区的监管模式,探索落实行政管理体制改革要求以及法规政策需求。在宏观方面,对中央与地方监管职权进行系统规划,明确区分政府与社会监管任务;在微观方面进一步优化监管方式,从审批前、审批中、审批后三方面同时进行:完善审批前的行政引导与资格认证;提高审批中的行政审批工作的专门化、效率化;重视审批后的质量评估与复核检查,以及完善相应退出机制等措施。从宏观到微观对我国中外合作办学行政监管体系的构建进行探索,总结经验和教训,提出具有可操作性的建议。

中外合作办学高校的发展高度决定了中外合作办学场域的发展上限。中外合作办学高校未来的发展将是中外合作办学的观察和分析重点,有一个重要问题是,它在世界高等教育场域中的地位是作为名牌大学的国际校区身份还是独立高校身份。如果是前者,正如前文所说,作为国外名牌大学的国际校区,这是一种高级阶段的教育国际化形式,是一个引领未来教育的创新,而且因为它和国外大学的身份统一性,已经具有较高的地位,未来主要是考虑如何更好地整合各个国际校区的教育资源。如果是后者,则需要尽快建立起自己独特的身份标识,扩大规模,增加研究投入,取得口碑,在世界高等教育场域中占据一个较高的地位,才能真正成为一所有着办学特色和风格的高水平大学。但无论是哪种方式,如何处理其与中外母体高校之间的关系都是一个棘手和值得关注的问题。

三、可能的不足与后续研究

中外合作办学机构的产生、发展与生存从某种程度上说取决于政府的态度,也是环境中各方主体如学生与家长、与外方合作者等互动的结果,然而由于中外合作办学问题的前沿性和敏感性,笔者很难收集到与中外合作办学机构相关的环境中主体互动的原始资料,尤其是我国各级政府对中外合作办学依法办学的复核和办学资格审核的一手资料、我国各级政府许可中外合作办学的招生材料、中外合作办学机构中行政材料等。所以本研究中重点关注中外合作办学机构的发展策略,一定程度上对中外合作办学机构与环境中不同的行动者互动过程的关注不够。

本研究发现,新制度主义社会学理论只能部分适用于解释中国转型社会期中外合作办学机构的发展,很难解释技术环境下组织的自主性是如何长大的。研究者可以用更多视角讨论中外合作办学机构是如何生长和发展壮大的,使用组织社会学中的种群生态理论对中外合作办学机构的产生、发展和消亡的过程进行实证研究。另外,由于我国中外合作办学起步较晚,很难找到完善的统计资料,研究人员很难获悉中外合作办学的详细数据资料,使本研究无法从全国整体宏观角度来讨论其发展规律。在后续研究中,希望能够掌握全国中外合作办学发展的数据资料,并梳理出中外合作办学机构变迁的规律和特性,从组织社会学角度深入讨论中外合作办学机构的发展变迁也是一个非常值得研究的话题。

参考文献

中文文献

1. 安东尼·吉登斯. 社会的构成:结构化理论大纲[M]. 李康,李猛译. 北京:生活·读书·新知三联书店,1998.

2. 白莉,张纯明. 论高等教育国际化背景下的中外合作办学[J]. 辽宁教育研究,2005(11):50—51.

3. 彼得·布劳,理查德·斯科特. 正规组织:一种比较方法[M]. 北京:东方出版社,2006.

4. 曹庆民. 亚洲的跨国高等教育的市场战略:新加坡、中国香港和中国内地的实践[D]. 美国:南达科塔大学,2003.

5. 岑建君. 疫情影响下的国际教育政策走向和未来发展[J]. 大学教育科学,2021(02):10—15.

6. 陈大立. 略论中外合作办学监管体系的建立[J]. 政法论坛,2013,31(02):167—172.

7. 陈丽媛,何瑞珠. 中外合作办学政策在高等教育中的实践:多元视角的思考[J]. 教育发展研究,2014,34(11):24—29.

8. 陈丽媛,荀渊. 学术人才国际流动如何影响科研产出——以四所"双一流"建设高校的经济学科为例[J]. 教育发展研究,2020,40(21):11—19.

9. 陈亮,郑伟波,巴彦峰. 国际化人才培养中的跨文化适应性研究:以河北省中外合作办学项目学生学习适应性为例[J]. 中国人力资源开发,2016(24):17—21.

10. 陈学军.新制度主义组织社会学视野下的教育组织研究[J].比较教育研究,2008(07):22－26.

11. 杜佳明.高校中外合作办学模式下留学生跨文化适应影响因素研究[D].东北财经大学,2018.

12. 杜淑萍.基于中外合作办学学生学习风格差异性的教学改革与实践[J].中国成人教育,2013(05):183－185.

13. 费显政.新制度学派组织与环境关系观述评[J].外国经济与管理,2006(08):10－18.

14. 费显政.组织与环境的关系——不同学派述评与比较[J].国外社会科学,2006(03):15－21.

15. 冯国平.跨国教育的国际比较研究[D].华东师范大学,2009.

16. 冯伟哲,李岩,谢金迪.设计中外合作办学教学质量计划的思想和步骤[J].教育探索,2004(06):44－45.

17. 高丙中.社会团体的合法性问题[J].中国社会科学,2000(02):100－109.

18. 高杭.教育行政权责清单制度的反思与重构[J].教育研究,2021,42(02):123－130.

19. 耿卫华,阚先学.我国高等教育中外合作办学发展现状及存在问题分析[J].山西经济管理干部学院学报,2015,23(01):97－99.

20. 龚思怡.高校中外合作办学模式与运行机制的研究[M].上海:上海大学出版社,2007.

21. 顾建新.跨国教育发展理念与策略[M].北京:学林出版社,2008.

22. 顾建新.跨国教育的发展现状与政策建议[J].教育发展研究,2007(Z1):24－33.

23. 郭朝红,江彦桥.我国对中外合作办学监管的现状、问题与对策[J].高教发展与评估,2010,26(05):93－99.

24. 郭丽君.全球化下的跨国高等教育:内涵与动因[J].江苏高教,2008(06):16－18.

25. 哈贝马斯. 合法化危机[M]. 刘北成,曹卫东译. 上海:上海人民出版社,2000.

26. 胡焰初. WTO《服务贸易总协定》与中外合作办学的立法[J]. 武汉大学学报:社会科学版,2002(02):140-144.

27. 姬冠. 中外合作办学模式下的双语教学——基于湖南农业大学的调查[J]. 高等农业教育,2013(10):74-76.

28. 江彦桥. 中外合作办学政策失真及其对策措施[J]. 复旦教育论坛,2005(06):42-45.

29. 姜大源."教育+"格局构建刍议——从德国"职业教育+"看新制度主义同形理论的映射[J]. 中国高教研究,2022(01):96-101.

30. 李一. 我国中外合作大学可持续发展研究[D]. 东北师范大学,2022.

31. 理查德·斯科特,约翰·W.迈耶:《社会部门组织化:系列命题与初步论证》[M]. 姚伟译. 上海:上海人民出版社,2008,134.

32. 理查德·斯科特. 制度与组织——思想观念与物质利益[M]. 姚伟,王黎芳译. 北京:中国人民大学出版社,2011.

33. 栗晓红,姜凤云. 西方关于跨国高等教育的研究:概念与问题[J]. 北京大学教育评论,2007(02):120-127.

34. 林金辉,凌鹊. 中外合作办学高质量发展:政策轨迹和政策供给[J]. 高校教育管理,2021,15(06):1-12.

35. 林金辉,刘梦今. 论中外合作办学的质量建设[J]. 教育研究,2013,34(10):72-78.

36. 林金辉,刘志平. 高等教育中外合作办学研究[M]. 广州:广东高等教育出版社,2010.

37. 林金辉. 中外合作办学的规模、质量、效益及其相互关系[J]. 教育研究,2016,37(07):39-43.

38. 刘复兴. 公共教育权力的变迁与教育政策的有效性[J]. 教育研究,2003(02):10-14.

39. 刘娜,许明.欧洲跨国高等教育的动因、模式与问题[J].比较教育研究,2005(06):82—85.

40. 刘扬,李晓燕,李名义,孔繁盛.高校中外合作办学教学满意度评价研究[J].复旦教育论坛,2016(04):43—48.

41. 罗燕,叶赋桂.2003年北大人事制度改革:新制度主义社会学分析[J].教育学报,2005(06):14—22.

42. 罗燕.教育产业化的制度分析——新制度主义社会学的视角[J].教育与经济,2006(01):46—50.

43. 马克斯·韦伯.新教伦理与资本主义精神[M].北京:上海三联书店,2019.

44. 潘懋元,谢作栩.试论从精英到大众高等教育的"过渡阶段"[J].高等教育研究,2001(02):1—6.

45. 潘懋元,谢作栩.试论从精英到大众高等教育的"过渡阶段"[J].高等教育研究,2001(02):1—6.

46. 裴文英.引进国外教育资源 推进中外合作办学[J].江苏高教,2003(05):82—84.

47. 钱景炜.浅谈中外合作办学[J].西南民族大学学报(人文社科版),2005(03):349—351.

48. 苏力.规制与发展:第三部门的法律环境[M].杭州:浙江人民出版社,1999.

49. 孙智慧.中外合作办学项目人才培养模式对接策略研究[J].黑龙江高教研究,2015(02):145—147.

50. 谭瑜.高校中外合作办学大学生跨文化能力培训模式探究——兼论海外民族志培训模式的构建[J].民族教育研究,2014,25(05):22—27.

51. 谭贞,刘海峰.我国本科高校中外合作办学的历史、现状与展望[J].中国高等教育,2019(12):10—12.

52. 唐振福.我国高等教育中外合作办学质量保障体系建设研究[J].江苏高教,2013(02):28—30.

53. 田凯.组织外形化:非协调约束下的组织运作——一个研究中国慈善组织与政府关系的理论框架[J].社会学研究,2004(04):64-75.

54. 汪昊,任春雯,王金鹏等.中外高校合作办学风险防控探究[J].大学教育,2022(03):248-251.

55. 王剑波,薛瑞莉.中外合作办学教育主权问题的理性思考[J].山东师范大学学报:人文社会科学版,2004(05):119-122.

56. 王剑波.跨国高等教育理论与中国的实践[D].华东师范大学,2004.

57. 王鉴,刘莹.再论课程实施的实践逻辑[J].教育研究,2022,43(10):106-117.

58. 王金虹.中外合作办学体制下社会主义核心价值观培育和践行[J].中国高等教育,2015(17):40-42.

59. 王敏丽.中外合作办学与外籍教师管理问题刍议[J].黑龙江高教研究,2004(09):48-50.

60. 王文礼,许明.国际分校:跨国高等教育的新发展[J].教育评论,2008(02):150-153.

61. 王元.中外合作办学机构的跨文化管理研究[D].中国海洋大学,2010.

62. 王哲,杨东柱.大学生社会主义核心价值观的培育——以中外合作办学为例[J].人民论坛,2015(21):141-143.

63. 王志强.新时代高等教育中外合作办学的历史变迁与未来展望[J].黑龙江高教研究,2019,37(08):74-78.

64. 徐晓鹏.大学生选择中外合作办学形式出国的影响因素研究——基于河南省6所高校1474份问卷数据[J].黑龙江高教研究,2016(04):37-41.

65. 阎黎明.高校中外合作办学项目教学策略初探[J].中国成人教育,2014(08):124-126.

66. 杨辉.中外合作办学模式初探[J].教育评论,2004(04):4-9.

67. 易兰. 浅谈语言、文化、交际在英语教学中的关系[J]. 吉林省教育学院学报(中旬),2013,29(10):59—60.

68. 席西民. 探路新大学[M]. 北京:科学出版社,2012.

69. 雍正正,王晓琪. 跨国度双校园办学开创自费留学新径[J]. 清华大学教育研究,1996(02):96—97.

70. 于佳宾,王宇航. 中外合作办学国际通用型人才培养模式的探索[J]. 黑龙江高教研究,2014(10):150—151.

71. 俞可平等. 中国公民社会的制度环境[M]. 北京:北京大学出版社,2006.

72. 詹姆斯·S. 科尔曼,社会理论的基础(上下册)[M]. 邓方译,北京:社会科学文献出版社,1999.

73. 张宝蓉. 无边界高等教育:西方发达国家高等教育发展的新概念——以美、英、澳三国为例[J]. 外国教育研究,2005(12):30—34.

74. 张秋萍,谢仁业. 跨国合作办学的国际比较[J]. 教育发展研究,2002(09):97—100.

75. 张圣坤. 引进优质教育资源 提升中外合作办学水平[J]. 中国高等教育,2003(11):12—13.

76. 赵丽. 跨国办学的理论与实践研究[D]. 华东师范大学,2005.

77. 周文婕. 论中外合作办学模式与发展对策[J]. 教育探索,2005(05):64—65.

78. 周雪光. 组织社会学十讲[M]. 北京:社会科学文献出版社,2003.

79. 周扬,付娆,许文娟. 海南高校中外合作办学的学生跨文化适应性研究[J]. 山西档案,2016(05):186—188.

80. https://news.cctv.com/china/20081031/104470.shtml.

81. http://www.crs.jsj.edu.cn.

82. 林金辉. 加强中外合作办学规范化建设[N/OL]. 中国教育报,2021—09—30(10)[2021—09—30]. http://www.chinateacher.com.cn/zgjyb/html/2021—09/30/content_600062.htm?div=—1.

83. http://www.shu.edu.cn.

84. http://www.xjtlu.edu.cn.

英文文献

1. Abernethy M. A,Chua W. F,A Field Study of Control System "Redesign": The Impact of Institutional Processes on Strategic Choice [J]. *Contemporary Accounting Research*,1996(13):569—606.

2. Al-Omiri,Drury. C. A Survey of Factors Influencing the Choice of Product Costing Systems in UK Organizations[J]. *Management Accounting Research*,2007,18(4):399—424.

3. Andrews K. R. *The Concept of Corporate Strategy*[M]. Irwin: Homewood,1971.

4. Aróstegui,José Luis. The Evaluation of a Training and Employment Program:Discussion on Design[J]. *Quality of Higher Education*, 2012(9):168—187.

5. Brignall T,Stan J. A Contingent Rationale for Cost System Design in Services[J]. *Management Accounting Research*,1997(8):325—346.

6. Campbell D. T. Reforms as experiments[J]. *American Psychologist*,1969,24(4):409—429.

7. Chandler,A. D. *Strategy and Structure:Chapters in the History of American Enterprise*[M]. Boston:MIT Press,1962.

8. Chenhall R. H. Management Control System Design within its Organizational Context:Findings from Contingency-based Research and Directions for the Future[J]. *Accounting,Organizations and Society*, 2003,28(2—3):127—168.

9. Child J,Kieser A. *The Development of Organizations Over Time*,in P. Nystrom and W. Starbuck (eds) Handbook of Organiza-

tional Design[M]. New York:Oxford University Press,1981.

10. Child J. Organizational Structure, Environment and Performance: The Role of Strategic Choice[J]. *Sociology*,1972,6(1):1—22.

11. Clark Burton R. *The Higher Education System*[M]. Berkeley: University of California Press,1983.

12. Claudia M. Bordogna. Are Degree-Awarding Institutions Doing Enough to Support the Implementation of Quality Assurance in Transnational Higher Education Partnerships? [J]. *Journal of Studies in International Education*,2020,24(3):371—386.

13. Cutler G. *Detergency: Theory and Technology*[M]. Florida: CRC Press,2020.

14. Dimaggio Paul J, Walter, Powell. *Introduction Chapter of the New Institutionalism in Organizational Analysis*[M]. Chicago: The University of Chicago Press,1991.

15. Emerson R. M. Power-Dependence Relations[J]. *American Sociological Review*,1962,27,31—41.

16. Etzion D, Ferraro F. The Role of Analogy in the Institutionalization of Sustainability Reporting[J]. *Organization Science*,2010(21): 1092—1107.

17. Futao Huang. Transnational Higher Education in Asia and the Pacific Region[D]. Hiroshima:Hiroshima University,2006.

18. Grant Mcburnie, Christopher Zigursas. *Transnational Education: Issues and Trends in Offshore Higher Education*[M]. London: Routledge Taylor, Francis Group,2007.

19. Han, Shin Kap. Mimetic Isomorphism and its Effect on the Audit Service Market[J]. *Social Forces*,1994(73):637—663.

20. Hannan Michael T, John Freeman. The Population Ecology of Organizations[J]. *American Journal of Sociology*,1977,82(5):929—

964.

21. Horngren Charles T, Alnoor Bhimani, Srikant M. Datar, George Foster. *Management and cost accounting* [M]. Harlow: Financial Times, 2002.

22. Jane Knight. Offshore Transnational and Cross Border: Definition and Data Dilemmas the Observatory on Borderless Higher Education Report[R]. 2005.

23. Kondra Alex Z, Hinings C R. Organizational Diversity and Change in Institutional Theory[J]. *Organization Studies*, 1998, 19(5): 743—767.

24. Langfield-Smith K. Management Control Systems and Strategy: A Critical Review[J]. *Accounting, Organizations and Society*, 1997, 22(2): 207—232.

25. Lawrence Paul R, Lorsch Jay W. *Organization and Environment*[M]. Boston: Harvard Business Press, 1986.

26. Lawrence, Paul R. The Contingency Approach to Organization Design[M]//Golembiewski, Robert T. Handbook of Organizational Behavior. New York: Dekker, 1993: 6—18.

27. Luthans F. The Contingency Theory of Management: A Path Out of the Jungle[J]. *In Business Horizons*, 1973, 16(6): 67—72.

28. Martin Trow. *Problems in the Transition from Elite to Mass Higher Education*[M]. Paris: Organization for Economic Co-operation and Development, 1974.

29. Meyer John. W, Rowan B. The Structure of Educational Organizations[J]. *Environments and Organizations*, 1978(80): 78—109.

30. Meyer John W. Social Environments and Organizational Accounting[J]. *Accounting, Organizations and Society*, 1986, 11(4—5): 345—456.

31. Meyer John W. *The New Institutionalism in Education*[M]. New York:State University of New York Press,2006.

32. Oliver G. *Organizational Culture for Information Managers* [M]. MetaPress:Chandos Publishing ,2011.

33. Ostler,James Csaszar,Felipe. A Contingency Theory of Representational Complexity in Organizations[J]. *Academy of Management Proceedings*,2017(5):13—68.

34. Otley D. T. The Contingency Theory of Management Accounting:Achievement and Prognosis[J]. *Accounting ,Organizations and Society*,1980(5):413—428.

35. Pfeffer,Salancik G R. *The External Control of Organizations: A Resource Dependence Perspective*[M]. New York:Harper and Row, 1978.

36. Philip G. Altbath. Perspectives on Internationalizing Higher Education[J]. *International Higher Education*,2002(11):80—95.

37. Robin Middlehurst. *Quality Assurance and Accreditation for Virtual Education:A Discussion of Models and Needs* [M]. Paris: UNESCO Publishing,2002.

38. Schoute Martijn. The Relationship between Cost System Complexity,Purposes of Use and Cost System Effectiveness[J]. *The British Accounting Review*,2009(41):208—226.

39. Tolbert Pamela,Zucker Lynn. Institutional Sources of Change in the Formal Structure of Organizations:the Diffusion of Civil Service Reform[J]. *Administrative Science Quarterly*,1983(28):22—39.

40. Tom Burns,G. M. Stalker. *The Management of Innovation Revised ed*[M]. Oxford:Oxford University Press,1994.

41. Wasserman S,Bockenholt U. Bootstrapping:Applications to Psychophysiology[J]. *Psychophysiology*,1989,26(2):208—221.

42. Waterhouse John, Barbarino Matteo. Summary of the 13th IAEA technical meeting on plasma control systems, data management and remote experiments in fusion research[J]. Nuclear Fusion, 2022, 62 (7):111-124.

附 录

附录1 中华人民共和国中外合作办学条例

(2003年2月19日国务院第68次常务会议通过,2003年3月1日中华人民共和国国务院令第372号公布,自2003年9月1日起施行)

第一章 总 则

第一条 为了规范中外合作办学活动,加强教育对外交流与合作,促进教育事业的发展,根据《中华人民共和国教育法》、《中华人民共和国职业教育法》和《中华人民共和国民办教育促进法》,制定本条例。

第二条 外国教育机构同中国教育机构(以下简称中外合作办学者)在中国境内合作举办以中国公民为主要招生对象的教育机构(以下简称中外合作办学机构)的活动,适用本条例。

第三条 中外合作办学属于公益性事业,是中国教育事业的组成部分。

国家对中外合作办学实行扩大开放、规范办学、依法管理、促进发展的方针。

国家鼓励引进外国优质教育资源的中外合作办学。

国家鼓励在高等教育、职业教育领域开展中外合作办学,鼓励中国高等教育机构与外国知名的高等教育机构合作办学。

第四条 中外合作办学者、中外合作办学机构的合法权益,受中国法律保护。

中外合作办学机构依法享受国家规定的优惠政策,依法自主开展教育教学活动。

第五条 中外合作办学必须遵守中国法律,贯彻中国的教育方针,符合中国的公共道德,不得损害中国的国家主权、安全和社会公共利益。

中外合作办学应当符合中国教育事业发展的需要,保证教育教学质量,致力于培养中国社会主义建设事业的各类人才。

第六条 中外合作办学者可以合作举办各级各类教育机构。但是,不得举办实施义务教育和实施军事、警察、政治等特殊性质教育的机构。

第七条 外国宗教组织、宗教机构、宗教院校和宗教教职人员不得在中国境内从事合作办学活动。

中外合作办学机构不得进行宗教教育和开展宗教活动。

第八条 国务院教育行政部门负责全国中外合作办学工作的统筹规划、综合协调和宏观管理。国务院教育行政部门、劳动行政部门和其他有关行政部门在国务院规定的职责范围内负责有关的中外合作办学工作。

省、自治区、直辖市人民政府教育行政部门负责本行政区域内中外合作办学工作的统筹规划、综合协调和宏观管理。省、自治区、直辖市人民政府教育行政部门、劳动行政部门和其他有关行政部门在其职责范围内负责本行政区域内有关的中外合作办学工作。

第二章 设 立

第九条 申请设立中外合作办学机构的教育机构应当具有法人资格。

第十条 中外合作办学者可以用资金、实物、土地使用权、知识产权以及其他财产作为办学投入。

中外合作办学者的知识产权投入不得超过各自投入的1/3。但是,接受国务院教育行政部门、劳动行政部门或者省、自治区、直辖市人民政府邀请前来中国合作办学的外国教育机构的知识产权投入可以超过其投入的1/3。

第十一条 中外合作办学机构应当具备《中华人民共和国教育法》、《中华人民共和国职业教育法》、《中华人民共和国高等教育法》等法律和有关行政法规规定的基本条件,并具有法人资格。但是,外国教育机构同中国实施学历教育的高等学校设立的实施高等教育的中外合作办学机构,可以不具有法人资格。

设立中外合作办学机构,参照国家举办的同级同类教育机构的设置标准执行。

第十二条 申请设立实施本科以上高等学历教育的中外合作办学机构,由国务院教育行政部门审批;申请设立实施高等专科教育和非学历高等教育的中外合作办学机构,由拟设立机构所在地的省、自治区、直辖市人民政府审批。

申请设立实施中等学历教育和自学考试助学、文化补习、学前教育等的中外合作办学机构,由拟设立机构所在地的省、自治区、直辖市人民政府教育行政部门审批。

申请设立实施职业技能培训的中外合作办学机构,由拟设立机构所在地的省、自治区、直辖市人民政府劳动行政部门审批。

第十三条 设立中外合作办学机构,分为筹备设立和正式设立两个步骤。但是,具备办学条件,达到设置标准的,可以直接申请正式设立。

第十四条 申请筹备设立中外合作办学机构,应当提交下列文件:

(一)申办报告,内容应当主要包括:中外合作办学者、拟设立中外合作办学机构的名称、培养目标、办学规模、办学层次、办学形式、办学条件、内部管理体制、经费筹措与管理使用等;

(二)合作协议,内容应当包括:合作期限、争议解决办法等;

(三)资产来源、资金数额及有效证明文件,并载明产权;

(四)属捐赠性质的校产须提交捐赠协议,载明捐赠人的姓名、所捐资产的数额、用途和管理办法及相关有效证明文件;

(五)不低于中外合作办学者资金投入15%的启动资金到位证明。

第十五条 申请筹备设立中外合作办学机构的,审批机关应当自受理申请之日起45个工作日内作出是否批准的决定。批准的,发给筹备设立批准书;不批准的,应当书面说明理由。

第十六条 经批准筹备设立中外合作办学机构的,应当自批准之日起3年内提出正式设立申请;超过3年的,中外合作办学者应当重新申报。

筹备设立期内,不得招生。

第十七条 完成筹备设立申请正式设立的,应当提交下列文件:

(一)正式设立申请书;

(二)筹备设立批准书;

(三)筹备设立情况报告;

(四)中外合作办学机构的章程,首届理事会、董事会或者联合管理委员会组成人员名单;

(五)中外合作办学机构资产的有效证明文件;

(六)校长或者主要行政负责人、教师、财会人员的资格证明文件。

直接申请正式设立中外合作办学机构的,应当提交前款第(一)项、第(四)项、第(五)项、第(六)项和第十四条第(二)项、第(三)项、第(四)项所列文件。

第十八条 申请正式设立实施非学历教育的中外合作办学机构的,审批机关应当自受理申请之日起3个月内作出是否批准的决定;申请正式设立实施学历教育的中外合作办学机构的,审批机关应当自受理申请之日起6个月内作出是否批准的决定。批准的,颁发统一格式、统一编号的中外合作办学许可证;不批准的,应当书面说明理由。

中外合作办学许可证由国务院教育行政部门制定式样,由国务院教育行政部门和劳动行政部门按照职责分工分别组织印制;中外合作办学许可证由国务院教育行政部门统一编号,具体办法由国务院教育行政部门会同劳动行政部门确定。

第十九条 申请正式设立实施学历教育的中外合作办学机构的,审批机关受理申请后,应当组织专家委员会评议,由专家委员会提出咨询意见。

第二十条　中外合作办学机构取得中外合作办学许可证后,应当依照有关的法律、行政法规进行登记,登记机关应当依照有关规定即时予以办理。

第三章　组织与管理

第二十一条　具有法人资格的中外合作办学机构应当设立理事会或者董事会,不具有法人资格的中外合作办学机构应当设立联合管理委员会。理事会、董事会或者联合管理委员会的中方组成人员不得少于1/2。

理事会、董事会或者联合管理委员会由5人以上组成,设理事长、副理事长,董事长、副董事长或者主任、副主任各1人。中外合作办学者一方担任理事长、董事长或者主任的,由另一方担任副理事长、副董事长或者副主任。

具有法人资格的中外合作办学机构的法定代表人,由中外合作办学者协商,在理事长、董事长或者校长中确定。

第二十二条　中外合作办学机构的理事会、董事会或者联合管理委员会由中外合作办学者的代表、校长或者主要行政负责人、教职工代表等组成,其中1/3以上组成人员应当具有5年以上教育、教学经验。

中外合作办学机构的理事会、董事会或者联合管理委员会组成人员名单应当报审批机关备案。

第二十三条　中外合作办学机构的理事会、董事会或者联合管理委员会行使下列职权：

(一)改选或者补选理事会、董事会或者联合管理委员会组成人员；

(二)聘任、解聘校长或者主要行政负责人；

(三)修改章程,制定规章制度；

(四)制定发展规划,批准年度工作计划；

(五)筹集办学经费,审核预算、决算；

(六)决定教职工的编制定额和工资标准；

(七)决定中外合作办学机构的分立、合并、终止；

(八)章程规定的其他职权。

第二十四条 中外合作办学机构的理事会、董事会或者联合管理委员会每年至少召开一次会议。经1/3以上组成人员提议，可以召开理事会、董事会或者联合管理委员会临时会议。

中外合作办学机构的理事会、董事会或者联合管理委员会讨论下列重大事项，应当经2/3以上组成人员同意方可通过：

(一)聘任、解聘校长或者主要行政负责人；

(二)修改章程；

(三)制定发展规划；

(四)决定中外合作办学机构的分立、合并、终止；

(五)章程规定的其他重大事项。

第二十五条 中外合作办学机构的校长或者主要行政负责人，应当具有中华人民共和国国籍，在中国境内定居，热爱祖国，品行良好，具有教育、教学经验，并具备相应的专业水平。

中外合作办学机构聘任的校长或者主要行政负责人，应当经审批机关核准。

第二十六条 中外合作办学机构的校长或者主要行政负责人行使下列职权：

(一)执行理事会、董事会或者联合管理委员会的决定；

(二)实施发展规划，拟订年度工作计划、财务预算和规章制度；

(三)聘任和解聘工作人员，实施奖惩；

(四)组织教育教学、科学研究活动，保证教育教学质量；

(五)负责日常管理工作；

(六)章程规定的其他职权。

第二十七条 中外合作办学机构依法对教师、学生进行管理。

中外合作办学机构聘任的外籍教师和外籍管理人员，应当具备学士以上学位和相应的职业证书,并具有 2 年以上教育、教学经验。

外方合作办学者应当从本教育机构中选派一定数量的教师到中外合作办学机构任教。

第二十八条 中外合作办学机构应当依法维护教师、学生的合法权益,保障教职工的工资、福利待遇,并为教职工缴纳社会保险费。

中外合作办学机构的教职工依法建立工会等组织,并通过教职工代表大会等形式,参与中外合作办学机构的民主管理。

第二十九条 中外合作办学机构的外籍人员应当遵守外国人在中国就业的有关规定。

第四章 教育教学

第三十条 中外合作办学机构应当按照中国对同级同类教育机构的要求开设关于宪法、法律、公民道德、国情等内容的课程。

国家鼓励中外合作办学机构引进国内急需、在国际上具有先进性的课程和教材。

中外合作办学机构应当将所开设的课程和引进的教材报审批机关备案。

第三十一条 中外合作办学机构根据需要,可以使用外国语言文字教学,但应当以普通话和规范汉字为基本教学语言文字。

第三十二条 实施高等学历教育的中外合作办学机构招收学生,纳入国家高等学校招生计划。实施其他学历教育的中外合作办学机构招收学生,按照省、自治区、直辖市人民政府教育行政部门的规定执行。

中外合作办学机构招收境外学生,按照国家有关规定执行。

第三十三条 中外合作办学机构的招生简章和广告应当报审批机关备案。

中外合作办学机构应当将办学类型和层次、专业设置、课程内容和招生规模等有关情况,定期向社会公布。

第三十四条 中外合作办学机构实施学历教育的,按照国家有关规定颁发学历证书或者其他学业证书；实施非学历教育的，按照国家有关规定颁发培训证书或者结业证书。对于接受职业技能培训的学生，经政府批准的职业技能鉴定机构鉴定合格的，可以按照国家有关规定颁发相应的国家职业资格证书。

中外合作办学机构实施高等学历教育的，可以按照国家有关规定颁发中国相应的学位证书。

中外合作办学机构颁发的外国教育机构的学历、学位证书，应当与该教育机构在其所属国颁发的学历、学位证书相同，并在该国获得承认。

中国对中外合作办学机构颁发的外国教育机构的学历、学位证书的承认，依照中华人民共和国缔结或者加入的国际条约办理，或者按照国家有关规定办理。

第三十五条 国务院教育行政部门或者省、自治区、直辖市人民政府教育行政部门及劳动行政部门等其他有关行政部门应当加强对中外合作办学机构的日常监督，组织或者委托社会中介组织对中外合作办学机构的办学水平和教育质量进行评估，并将评估结果向社会公布。

第五章　资产与财务

第三十六条 中外合作办学机构应当依法建立健全财务、会计制度和资产管理制度，并按照国家有关规定设置会计账簿。

第三十七条 中外合作办学机构存续期间，所有资产由中外合作办学机构依法享有法人财产权，任何组织和个人不得侵占。

第三十八条 中外合作办学机构的收费项目和标准，依照国家有关政府定价的规定确定并公布；未经批准，不得增加项目或者提高标准。

中外合作办学机构应当以人民币计收学费和其他费用，不得以外汇计收学费和其他费用。

第三十九条 中外合作办学机构收取的费用应当主要用于教育教学活动和改善办学条件。

第四十条 中外合作办学机构的外汇收支活动以及开设和使用外汇

账户,应当遵守国家外汇管理规定。

第四十一条 中外合作办学机构应当在每个会计年度结束时制作财务会计报告,委托社会审计机构依法进行审计,向社会公布审计结果,并报审批机关备案。

第六章 变更与终止

第四十二条 中外合作办学机构的分立、合并,在进行财务清算后,由该机构理事会、董事会或者联合管理委员会报审批机关批准。

申请分立、合并实施非学历教育的中外合作办学机构的,审批机关应当自受理申请之日起3个月内以书面形式答复;申请分立、合并实施学历教育的中外合作办学机构的,审批机关应当自受理申请之日起6个月内以书面形式答复。

第四十三条 中外合作办学机构合作办学者的变更,应当由合作办学者提出,在进行财务清算后,经该机构理事会、董事会或者联合管理委员会同意,报审批机关核准,并办理相应的变更手续。

中外合作办学机构住所、法定代表人、校长或者主要行政负责人的变更,应当经审批机关核准,并办理相应的变更手续。

第四十四条 中外合作办学机构名称、层次、类别的变更,由该机构理事会、董事会或者联合管理委员会报审批机关批准。

申请变更为实施非学历教育的中外合作办学机构的,审批机关应当自受理申请之日起3个月内以书面形式答复;申请变更为实施学历教育的中外合作办学机构的,审批机关应当自受理申请之日起6个月内以书面形式答复。

第四十五条 中外合作办学机构有下列情形之一的,应当终止:

(一)根据章程规定要求终止,并经审批机关批准的;

(二)被吊销中外合作办学许可证的;

(三)因资不抵债无法继续办学,并经审批机关批准的。

中外合作办学机构终止,应当妥善安置在校学生;中外合作办学机构提出终止申请时,应当同时提交妥善安置在校学生的方案。

第四十六条 中外合作办学机构终止时,应当依法进行财务清算。

中外合作办学机构自己要求终止的,由中外合作办学机构组织清算;被审批机关依法撤销的,由审批机关组织清算;因资不抵债无法继续办学而被终止的,依法请求人民法院组织清算。

第四十七条 中外合作办学机构清算时,应当按照下列顺序清偿:

(一)应当退还学生的学费和其他费用;

(二)应当支付给教职工的工资和应当缴纳的社会保险费用;

(三)应当偿还的其他债务。

中外合作办学机构清偿上述债务后的剩余财产,依照有关法律、行政法规的规定处理。

第四十八条 中外合作办学机构经批准终止或者被吊销中外合作办学许可证的,应当将中外合作办学许可证和印章交回审批机关,依法办理注销登记。

第七章 法律责任

第四十九条 中外合作办学审批机关及其工作人员,利用职务上的便利收取他人财物或者获取其他利益,滥用职权、玩忽职守,对不符合本条例规定条件者颁发中外合作办学许可证,或者发现违法行为不予以查处,造成严重后果,触犯刑律的,对负有责任的主管人员和其他直接责任人员,依照刑法关于受贿罪、滥用职权罪、玩忽职守罪或者其他罪的规定,依法追究刑事责任;尚不够刑事处罚的,依法给予行政处分。

第五十条 违反本条例的规定,超越职权审批中外合作办学机构的,其批准文件无效,由上级机关责令改正;对负有责任的主管人员和其他直接责任人员,依法给予行政处分;致使公共财产、国家和人民利益遭受重大损失的,依照刑法关于滥用职权罪或者其他罪的规定,依法追究刑事责任。

第五十一条 违反本条例的规定,未经批准擅自设立中外合作办学机构,或者以不正当手段骗取中外合作办学许可证的,由教育行政部门、劳动行政部门按照职责分工予以取缔或者会同公安机关予以取缔,责令退还向学生收取的费用,并处以 10 万元以下的罚款;触犯刑律的,依照刑法关于诈骗罪或者其他罪的规定,依法追究刑事责任。

第五十二条 违反本条例的规定,在中外合作办学机构筹备设立期间招收学生的,由教育行政部门、劳动行政部门按照职责分工责令停止招生,责令退还向学生收取的费用,并处以 10 万元以下的罚款;情节严重、拒不停止招生的,由审批机关撤销筹备设立批准书。

第五十三条 中外合作办学者虚假出资或者在中外合作办学机构成立后抽逃出资的,由教育行政部门、劳动行政部门按照职责分工责令限期改正;逾期不改正的,由教育行政部门、劳动行政部门按照职责分工处以虚假出资金额或者抽逃出资金额 2 倍以下的罚款。

第五十四条 伪造、变造和买卖中外合作办学许可证的,依照刑法关于伪造、变造、买卖国家机关证件罪或者其他罪的规定,依法追究刑事责任。

第五十五条 中外合作办学机构未经批准增加收费项目或者提高收费标准的,由教育行政部门、劳动行政部门按照职责分工责令退还多收的费用,并由价格主管部门依照有关法律、行政法规的规定予以处罚。

第五十六条 中外合作办学机构管理混乱、教育教学质量低下,造成恶劣影响的,由教育行政部门、劳动行政部门按照职责分工责令限期整顿并予以公告;情节严重、逾期不整顿或者经整顿仍达不到要求的,由教育行政部门、劳动行政部门按照职责分工责令停止招生、吊销中外合作办学许可证。

第五十七条 违反本条例的规定,发布虚假招生简章,骗取钱财的,由教育行政部门、劳动行政部门按照职责分工,责令限期改正并予以警告;有违法所得的,退还所收费用后没收违法所得,并可处以 10 万元以下的罚款;情节严重的,责令停止招生、吊销中外合作办学许可证;构成犯罪的,依照刑法关于诈骗罪或者其他罪的规定,依法追究刑事责任。

中外合作办学机构发布虚假招生广告的，依照《中华人民共和国广告法》的有关规定追究其法律责任。

第五十八条 中外合作办学机构被处以吊销中外合作办学许可证行政处罚的，其理事长或者董事长、校长或者主要行政负责人自中外合作办学许可证被吊销之日起 10 年内不得担任任何中外合作办学机构的理事长或者董事长、校长或者主要行政负责人。

违反本条例的规定，触犯刑律被依法追究刑事责任的，自刑罚执行期满之日起 10 年内不得从事中外合作办学活动。

第八章 附 则

第五十九条 香港特别行政区、澳门特别行政区和台湾地区的教育机构与内地教育机构合作办学的，参照本条例的规定执行。

第六十条 在工商行政管理部门登记注册的经营性的中外合作举办的培训机构的管理办法，由国务院另行规定。

第六十一条 外国教育机构同中国教育机构在中国境内合作举办以中国公民为主要招生对象的实施学历教育和自学考试助学、文化补习、学前教育等的合作办学项目的具体审批和管理办法，由国务院教育行政部门制定。

外国教育机构同中国教育机构在中国境内合作举办以中国公民为主要招生对象的实施职业技能培训的合作办学项目的具体审批和管理办法，由国务院劳动行政部门制定。

第六十二条 外国教育机构、其他组织或者个人不得在中国境内单独设立以中国公民为主要招生对象的学校及其他教育机构。

第六十三条 本条例施行前依法设立的中外合作办学机构，应当补办本条例规定的中外合作办学许可证。其中，不完全具备本条例所规定条件的，应当在本条例施行之日起 2 年内达到本条例规定的条件；逾期未达到本条例规定条件的，由审批机关予以撤销。

第六十四条 本条例自 2003 年 9 月 1 日起施行。

附录2 中华人民共和国中外合作办学条例实施办法

(2004年6月2日 教育部令第20号发布)

第一章 总 则

第一条 为实施《中华人民共和国中外合作办学条例》(以下简称《中外合作办学条例》),制定本办法。

第二条 中外合作办学机构设立、活动及管理中的具体规范,以及依据《中外合作办学条例》举办实施学历教育和自学考试助学、文化补习、学前教育等的中外合作办学项目的审批与管理,适用本办法。

本办法所称中外合作办学项目是指中国教育机构与外国教育机构以不设立教育机构的方式,在学科、专业、课程等方面,合作开展的以中国公民为主要招生对象的教育教学活动。

根据《中外合作办学条例》的规定,举办实施职业技能培训的中外合作办学项目的具体审批和管理办法,由国务院劳动行政部门另行制定。

第三条 国家鼓励中国教育机构与学术水平和教育教学质量得到普遍认可的外国教育机构合作办学;鼓励在国内新兴和急需的学科专业领域开展合作办学。

国家鼓励在中国西部地区、边远贫困地区开展中外合作办学。

第四条 中外合作办学机构根据《中华人民共和国民办教育促进法实施条例》的规定,享受国家给予民办学校的扶持与奖励措施。

教育行政部门对发展中外合作办学做出突出贡献的社会组织或者个人给予奖励和表彰。

第二章 中外合作办学机构的设立

第五条 中外合作办学者应当在平等协商的基础上签订合作协议。

合作协议应当包括拟设立的中外合作办学机构的名称、住所,中外合作办学者的名称、住所、法定代表人,办学宗旨和培养目标,合作内容和期限,各方投入数额、方式及资金缴纳期限,权利、义务,争议解决办法等内容。

合作协议应当有中文文本;有外文文本的,应当与中文文本的内容一致。

第六条 申请设立中外合作办学机构的中外合作办学者应当具有相应的办学资格和较高的办学质量。

已举办中外合作办学机构的中外合作办学者申请设立新的中外合作办学机构的,其已设立的中外合作办学机构应当通过原审批机关组织或者其委托的社会中介组织进行的评估。

第七条 中外合作办学机构不得设立分支机构,不得举办其他中外合作办学机构。

第八条 经评估,确系引进外国优质教育资源的,中外合作办学者一方可以与其他社会组织或者个人签订协议,引入办学资金。该社会组织或者个人可以作为与其签订协议的中外合作办学者一方的代表,参加拟设立的中外合作办学机构的理事会、董事会或者联合管理委员会,但不得担任理事长、董事长或者主任,不得参与中外合作办学机构的教育教学活动。

第九条 中外合作办学者投入的办学资金,应当与拟设立的中外合作办学机构的层次和规模相适应,并经依法验资。

中外合作办学者应当按照合作协议如期、足额投入办学资金。中外合作办学机构存续期间,中外合作办学者不得抽逃办学资金,不得挪用办学经费。

第十条 中外合作办学者作为办学投入的知识产权,其作价由中外合作办学者双方按照公平合理的原则协商确定或者聘请双方同意的社会中介组织依法进行评估,并依法办理有关手续。

中国教育机构以国有资产作为办学投入举办中外合作办学机构的,

应当根据国家有关规定,聘请具有评估资格的社会中介组织依法进行评估,根据评估结果合理确定国有资产的数额,并依法履行国有资产的管理义务。

第十一条　中外合作办学者以知识产权作为办学投入的,应当提交该知识产权的有关资料,包括知识产权证书复印件、有效状况、实用价值、作价的计算根据、双方签订的作价协议等有关文件。

第十二条　根据与外国政府部门签订的协议或者应中国教育机构的请求,国务院教育行政部门和省、自治区、直辖市人民政府可以邀请外国教育机构与中国教育机构合作办学。

被邀请的外国教育机构应当是国际上或者所在国著名的高等教育机构或者职业教育机构。

第十三条　申请设立实施本科以上高等学历教育的中外合作办学机构,由拟设立机构所在地的省、自治区、直辖市人民政府提出意见后,报国务院教育行政部门审批。

申请举办颁发外国教育机构的学历、学位证书的中外合作办学机构的审批权限,参照《中外合作办学条例》第十二条和前款的规定执行。

第十四条　申请筹备设立或者直接申请正式设立中外合作办学机构,应当由中国教育机构提交《中外合作办学条例》规定的文件。其中,申办报告或者正式设立申请书应当按照国务院教育行政部门根据《中外合作办学条例》第十四条第(一)项和第十七条第(一)项,制定的《中外合作办学机构申请表》所规定的内容和格式填写。

第十五条　有下列情形之一的,审批机关不予批准筹备设立中外合作办学机构,并应当书面说明理由:

(一)违背社会公共利益、历史文化传统和教育的公益性质,不符合国家或者地方教育事业发展需要的;

(二)中外合作办学者有一方不符合条件的;

(三)合作协议不符合法定要求,经指出仍不改正的;

(四)申请文件有虚假内容的;

（五）法律、行政法规规定的其他不予批准情形的。

第十六条 中外合作办学机构的章程应当规定以下事项：

（一）中外合作办学机构的名称、住所；

（二）办学宗旨、规模、层次、类别等；

（三）资产数额、来源、性质以及财务制度；

（四）中外合作办学者是否要求取得合理回报；

（五）理事会、董事会或者联合管理委员会的产生方法、人员构成、权限、任期、议事规则等；

（六）法定代表人的产生和罢免程序；

（七）民主管理和监督的形式；

（八）机构终止事由、程序和清算办法；

（九）章程修改程序；

（十）其他需要由章程规定的事项。

第十七条 中外合作办学机构只能使用一个名称，其外文译名应当与中文名称相符。

中外合作办学机构的名称应当反映中外合作办学机构的性质、层次和类型，不得冠以"中国"、"中华"、"全国"等字样，不得违反中国法律、行政法规，不得损害社会公共利益。

不具有法人资格的中外合作办学机构的名称前应当冠以中国高等学校的名称。

第十八条 完成筹备，申请正式设立或者直接申请正式设立中外合作办学机构，除提交《中外合作办学条例》第十七条规定的相关材料外，还应当依据《中外合作办学条例》有关条款的规定，提交以下材料：

（一）首届理事会、董事会或者联合管理委员会组成人员名单及相关证明文件；

（二）聘任的外籍教师和外籍管理人员的相关资格证明文件。

第十九条 申请设立实施学历教育的中外合作办学机构，应当于每年3月或者9月提出申请，审批机关应当组织专家评议。

专家评议的时间不计算在审批期限内,但审批机关应当将专家评议所需时间书面告知申请人。

第二十条 完成筹备,申请正式设立中外合作办学机构,有下列情形之一的,审批机关应当不予批准,并书面说明理由:

(一)不具备相应办学条件、未达到相应设置标准的;

(二)理事会、董事会或者联合管理委员会的人员及其构成不符合法定要求,校长或者主要行政负责人、教师、财会人员不具备法定资格,经告知仍不改正的;

(三)章程不符合《中外合作办学条例》和本办法规定要求,经告知仍不修改的;

(四)在筹备设立期内有违反法律、法规行为的。

申请直接设立中外合作办学机构的,除前款规定的第(一)、(二)、(三)项外,有本办法第十五条规定情形之一的,审批机关不予批准。

第三章 中外合作办学机构的组织与活动

第二十一条 中外合作办学机构的理事会、董事会或者联合管理委员会的成员应当遵守中国法律、法规,热爱教育事业,品行良好,具有完全民事行为能力。

国家机关工作人员不得担任中外合作办学机构的理事会、董事会或者联合管理委员会的成员。

第二十二条 中外合作办学机构应当聘任专职的校长或者主要行政负责人。

中外合作办学机构的校长或者主要行政负责人依法独立行使教育教学和行政管理职权。

第二十三条 中外合作办学机构内部的组织机构设置方案由校长或者主要行政负责人提出,报理事会、董事会或者联合管理委员会批准。

第二十四条 中外合作办学机构应当建立教师培训制度,为受聘教师接受相应的业务培训提供条件。

第二十五条　中外合作办学机构应当按照招生简章或者招生广告的承诺，开设相应课程，开展教育教学活动，保证教育教学质量。

中外合作办学机构应当提供符合标准的校舍和教育教学设施、设备。

第二十六条　中外合作办学机构可以依法自主确定招生范围、标准和方式；但实施中国学历教育的，应当遵守国家有关规定。

第二十七条　实施高等学历教育的中外合作办学机构符合中国学位授予条件的，可以依照国家有关规定申请相应的学位授予资格。

第二十八条　中外合作办学机构依法自主管理和使用中外合作办学机构的资产，但不得改变按照公益事业获得的土地及校舍的用途。

中外合作办学机构不得从事营利性经营活动。

第二十九条　在每个会计年度结束时，中外合作办学者不要求取得合理回报的中外合作办学机构应当从年度净资产增加额中，中外合作办学者要求取得合理回报的中外合作办学机构应当从年度净收益中，按不低于年度净资产增加额或者净收益的25％的比例提取发展基金，用于中外合作办学机构的建设、维护和教学设备的添置、更新等。

第三十条　中外合作办学机构资产中的国有资产的监督、管理，按照国家有关规定执行。

中外合作办学机构接受的捐赠财产的使用和管理，依照《中华人民共和国公益事业捐赠法》的有关规定执行。

第三十一条　中外合作办学者要求取得合理回报的，应当按照《中华人民共和国民办教育促进法实施条例》的规定执行。

第三十二条　中外合作办学机构有下列情形之一的，中外合作办学者不得取得回报：

（一）发布虚假招生简章或者招生广告，骗取钱财的；

（二）擅自增加收费项目或者提高收费标准，情节严重的；

（三）非法颁发或者伪造学历、学位证书及其他学业证书的；

（四）骗取办学许可证或者伪造、变造、买卖、出租、出借办学许可证的；

（五）未依照《中华人民共和国会计法》和国家统一的会计制度进行会计核算、编制财务会计报告，财务、资产管理混乱的；

（六）违反国家税收征管法律、行政法规的规定，受到税务机关处罚的；

（七）校舍或者其他教育教学设施、设备存在重大安全隐患，未及时采取措施，致使发生重大伤亡事故的；

（八）教育教学质量低下，产生恶劣社会影响的。

中外合作办学者抽逃办学资金或者挪用办学经费的，不得取得回报。

第四章　中外合作办学项目的审批与活动

第三十三条　中外合作办学项目的办学层次和类别，应当与中国教育机构和外国教育机构的办学层次和类别相符合，并一般应当在中国教育机构中已有或者相近专业、课程举办。合作举办新的专业或者课程的，中国教育机构应当基本具备举办该专业或者课程的师资、设备、设施等条件。

第三十四条　中国教育机构可以采取与相应层次和类别的外国教育机构共同制定教育教学计划，颁发中国学历、学位证书或者外国学历、学位证书，在中国境外实施部分教育教学活动的方式，举办中外合作办学项目。

第三十五条　举办中外合作办学项目，中国教育机构和外国教育机构应当参照本办法第五条的规定签订合作协议。

第三十六条　申请举办实施本科以上高等学历教育的中外合作办学项目，由拟举办项目所在地的省、自治区、直辖市人民政府教育行政部门提出意见后，报国务院教育行政部门批准；申请举办实施高等专科教育、非学历高等教育和高级中等教育、自学考试助学、文化补习、学前教育的中外合作办学项目，报拟举办项目所在地的省、自治区、直辖市人民政府教育行政部门批准，并报国务院教育行政部门备案。

申请举办颁发外国教育机构的学历、学位证书以及引进外国教育机构的名称、标志或者教育服务商标的中外合作办学项目的审批,参照前款的规定执行。

第三十七条　申请举办中外合作办学项目,应当由中国教育机构提交下列文件:

(一)《中外合作办学项目申请表》;

(二)合作协议;

(三)中外合作办学者法人资格证明;

(四)验资证明(有资产、资金投入的);

(五)捐赠资产协议及相关证明(有捐赠的)。

外国教育机构已在中国境内合作举办中外合作办学机构或者中外合作办学项目的,还应当提交原审批机关或者其委托的社会中介组织的评估报告。

第三十八条　申请设立实施学历教育的中外合作办学项目,应当于每年3月或者9月提出申请,审批机关应当组织专家评议。

专家评议的时间不计算在审批期限内,但审批机关应当将专家评议所需时间书面告知申请人。

第三十九条　申请设立中外合作办学项目的,审批机关应当按照《中华人民共和国行政许可法》规定的时限作出是否批准的决定。批准的,颁发统一格式、统一编号的中外合作办学项目批准书;不批准的,应当书面说明理由。

中外合作办学项目批准书由国务院教育行政部门制定式样并统一编号;编号办法由国务院教育行政部门参照中外合作办学许可证的编号办法确定。

第四十条　中外合作办学项目是中国教育机构教育教学活动的组成部分,应当接受中国教育机构的管理。实施中国学历教育的中外合作办学项目,中国教育机构应当对外国教育机构提供的课程和教育质量进行评估。

第四十一条　中外合作办学项目可以依法自主确定招生范围、标准和方式；但实施中国学历教育的，应当遵守国家有关规定。

第四十二条 举办中外合作办学项目的中国教育机构应当依法对中外合作办学项目的财务进行管理，并在学校财务账户内设立中外合作办学项目专项，统一办理收支业务。

第四十三条 中外合作办学项目收费项目和标准的确定，按照国家有关规定执行，并在招生简章或者招生广告中载明。

中外合作办学项目的办学结余，应当继续用于项目的教育教学活动和改善办学条件。

第五章 管理与监督

第四十四条 中外合作办学机构和举办中外合作办学项目的中国教育机构作办学机构和举办中外合作办学项目的中国教育机构应当对开设课程和引进教材的内容进行审核，并将课程和教材清单及说明及时报审批机关备案。

第四十五条 中外合作办学机构和举办中外合作办学项目的中国教育机构应当依法建立学籍管理制度，并报审批机关备案。

第四十六条 中外合作办学机构和项目教师和管理人员的聘任，应当遵循双方地位平等的原则，由中外合作办学机构和举办中外合作办学项目的中国教育机构与教师和管理人员签订聘任合同，明确规定双方的权利、义务和责任。

第四十七条 中外合作办学机构和项目的招生简章和招生广告的样本应当及时报审批机关备案。

第四十八条 举办颁发外国教育机构的学历、学位证书的中外合作办学机构和项目，中方合作办学者应当是实施相应层次和类别学历教育的中国教育机构。

中外合作办学机构和项目颁发外国教育机构的学历、学位证书的，其课程设置、教学内容应当不低于该外国教育机构在其所属国的标准和要求。

第四十九条　中外合作办学项目颁发的外国教育机构的学历、学位证书，应当与该外国教育机构在其所属国颁发的学历、学位证书相同，并在该国获得承认。

第五十条　实施学历教育的中外合作办学机构和项目应当通过网络、报刊等渠道，将该机构或者项目的办学层次和类别、专业设置、课程内容、招生规模、收费项目和标准等情况，每年向社会公布。

中外合作办学机构应当于每年4月1日前公布经社会审计机构对其年度财务会计报告的审计结果。

第五十一条　实施学历教育的中外合作办学机构和项目，应当按学年或者学期收费，不得跨学年或者学期预收。

第五十二条　中外合作办学机构和举办中外合作办学项目的中国教育机构应当于每年3月底前向审批机关提交办学报告，内容应当包括中外合作办学机构和项目的招收学生、课程设置、师资配备、教学质量、财务状况等基本情况。

第五十三条　审批机关应当组织或者委托社会中介组织本着公开、公正、公平的原则，对实施学历教育的中外合作办学项目进行办学质量评估，并将评估结果向社会公布。

第五十四条　中外合作办学项目审批机关及其工作人员，利用职务上的便利收取他人财物或者获取其他利益，滥用职权、玩忽职守，对不符合本办法规定条件者颁发中外合作办学项目批准书，或者发现违法行为不予以查处，造成严重后果，构成犯罪的，依法追究刑事责任；尚不构成犯罪的，依法给予行政处分。

第五十五条　违反本办法的规定，超越职权审批中外合作办学项目的，其批准文件无效，由上级机关责令改正；对负有责任的主管人员和其他直接责任人员，依法给予行政处分。

第五十六条　违反本办法的规定，未经批准擅自举办中外合作办学项目的，由教育行政部门责令限期改正，并责令退还向学生收取的费用；对负有责任的主管人员和其他直接责任人员，依法给予行政处分。

第五十七条 中外合作办学项目有下列情形之一的,由审批机关责令限期改正,并视情节轻重,处以警告或者3万元以下的罚款;对负有责任的主管人员和其他直接责任人员,依法给予行政处分。

（一）发布虚假招生简章或者招生广告,骗取钱财的;

（二）擅自增加收费项目或者提高收费标准的;

（三）管理混乱,教育教学质量低下的;

（四）未按照国家有关规定进行财务管理的;

（五）对办学结余进行分配的。

第五十八条 中外合作办学机构和项目违反《中华人民共和国教育法》的规定,颁发学历、学位证书或者其他学业证书的,依照《中华人民共和国教育法》的有关规定进行处罚。

第六章 附 则

第五十九条 在工商行政管理部门登记注册的经营性的中国培训机构与外国经营性的教育培训公司合作举办教育培训的活动,不适用本办法。

第六十条 中国教育机构没有实质性引进外国教育资源,仅以互认学分的方式与外国教育机构开展学生交流的活动,不适用本办法。

第六十一条 香港特别行政区、澳门特别行政区和台湾地区的教育机构与内地教育机构举办合作办学项目的,参照本办法的规定执行,国家另有规定的除外。

第六十二条 《中外合作办学条例》实施前已经批准的中外合作办学项目,应当参照《中外合作办学条例》第六十三条规定的时限和程序,补办中外合作办学项目批准书。逾期未达到《中外合作办学条例》和本办法规定条件的,审批机关不予换发项目批准书。

第六十三条 本办法自2004年7月1日起施行。原中华人民共和国国家教育委员会1995年1月26日发布的《中外合作办学暂行规定》同时废止。

附录3 教育部关于当前中外合作办学若干问题的意见

教外综〔2006〕5号

各省、自治区、直辖市教育厅(教委):

自《中外合作办学条例》及其实施办法公布施行以来,在国家扩大开放、规范办学、依法管理、促进发展方针的指引下,中外合作办学正在逐步走上规范发展的轨道。为了更好地促进中外合作办学的稳步健康发展,针对当前中外合作办学中存在的突出问题,特提出如下意见:

一、坚持中外合作办学的公益性原则。教育是以培养人才为根本目标的崇高的社会公益性事业。教育服务不是货物贸易,也不同于一般的服务贸易。要正确把握中外合作办学的宗旨和性质。坚决制止以中外合作办学的名义实行乱收费、高收费的行为,防止教育产业化的倾向。

二、坚持依法办学,规范管理。要增强政治敏感性,牢固树立教育主权的意识,维护好国家安全、社会稳定和正常的教育秩序。依法保护中外合作办学者、中外合作办学机构和教师、学生的合法利益。在开展中外合作办学的过程中,注意依法加强中国教育机构的主导地位,坚决贯彻国家的教育方针。

三、坚持引进优质教育资源,加强能力建设的政策导向。开展中外合作办学,要密切结合国家、地方和区域经济发展对各类人才的需求以及学校学科建设的需要,鼓励在国内急需、薄弱和空白的学科领域与外国高水平大学以及具有优势学科的大学开展合作办学,引导中外合作办学逐步向中西部地区发展。中国教育机构应当根据自身的定位和目标开展中外合作办学,防止盲目攀比、一哄而起和低水平重复的现象。国家重点建设的高等学校更要注意选好合作对象,选好合作模式,选好合作内容,为全面提高学校的整体水平和综合实力服务。

四、加强中外合作办学的质量管理。当前要重点做好高等教育领域

中外合作办学的质量监控,维护中外合作办学的声誉,注意抓好以下几个环节:

  1. 要加强招生录取的管理。中外合作办学机构和项目实施高等学历教育的,应当纳入国家下达的高等学校招生计划,在学校年度招生规模内按照专业招生目录分列执行,并须满足同地区同批次录取的要求。在同批次完不成招生计划的,不得转入下批次执行。属于研究生层次的,应当符合国家研究生学历教育招生录取规定和程序;中外合作办学机构和项目实施外国教育机构学历、学位教育的,其录取标准应当不低于外国教育机构在其所属国的录取标准。

  2. 要加强培养过程的管理。中外合作办学机构和项目实施本科以上高等学历教育的,其教育教学计划、培养方案、学制年限的制定和执行应当符合国家的有关规定,其本科专业设置专门的专业代码;中外合作办学机构和项目实施外国教育机构学士学位以上学历学位教育的,其共同制订的教育教学计划和培养方案、课程设置、教学内容应当不低于外国教育机构在其所属国的标准和学术要求。中外合作办学机构和项目同时实施中国高等学历教育和外国学历学位教育,并颁发中国学历、学位证书和外国教育机构学历、学位证书的,其培养目标、培养要求、课程设置、教学内容等应当满足双方的学术要求。特别是中外合作办学机构和项目实施外国教育机构课程硕士教育的,在培养过程的各个环节均要严格管理,保障质量。

  3. 要加强学科专业的规划和政策引导。研究制订中外合作办学的学科专业指导目录,明确国家鼓励、允许、限制和禁止的学科和专业。

  4. 要加强颁发证书的管理。中外合作办学机构和项目实施高等学历教育、颁发中国学历学位证书的,应当严格按照国家有关规定要求执行;中外合作办学机构和项目实施外国教育机构学士学位以上学历学位教育、颁发外国教育机构学历学位证书的,中国教育机构应当具有实施相应层次和类别的学历教育和学位授予的资格,外国教育机构颁发的学历学位证书应当遵循真实有效的原则,与该教育机构在其所属国颁发的学历学位证书相同，并在该国获得承认。

五、要加强采用"双校园"办学模式的中外合作办学项目的管理。中外合作办学项目应当在中国教育机构内实施完整的或主要的教育教学过程。确需采用"双校园"办学模式举办中外合作办学项目的，应当依法取得行政许可。中国教育机构应当在实施此类项目中切实加大外国教育资源的引进力度，并对引进的外国教育机构的课程，特别是用以替代中国学历教育课程的课程认真进行评估。引进的外方课程和专业核心课程应当占中外合作办学项目全部课程和核心课程的三分之一以上，外国教育机构教师担负的专业核心课程的门数和教学时数应当占中外合作办学项目全部课程和全部教学时数的三分之一以上。以该外国教育机构名义在国际上招聘的教师，其水平应当获得外国教育机构和中国教育机构的认可。

六、要加强对中外合作办学收费的管理。中外合作办学者设立或举办中外合作办学机构或项目应当有相应的办学投入。中外合作办学者应当认真合理地测算中外合作办学机构或项目的生均培养成本，根据成本补偿的原则，报请有关部门依照政府定价的原则确定收费的项目和标准。收费标准还应当充分考虑当地经济社会发展的实际水平和受教育者的承受能力，注意与公办教育、民办教育保持适当的平衡。仅以学分互认形式进行学生交流的活动，学生在国内校园学习期间，应当按照中国高等学校的正常收费项目和标准收费。在国家出台统一政策规定之前，各地要按照现行管理办法切实将中外合作办学收费的管理工作做实做好。

中外合作办学是我国教育事业的组成部分。各地教育行政部门要认真研究中外合作办学发展过程中的新情况和新问题，不断丰富和完善法律和政策环境，加强本行政区域内中外合作办学工作的统筹规划、综合协调和宏观管理，保障中外合作办学为促进我国教育发展与改革，增强我国教育的国际竞争力服务。

教育部
二〇〇六年二月七日

附录4　教育部关于进一步规范中外合作办学秩序的通知

教外综〔2007〕14号

各省、自治区、直辖市教育厅(教委),新疆生产建设兵团教育局:

《中外合作办学条例》及其实施办法施行以来,我部相继发布了一系列规范性文件,对加强中外合作办学的管理工作发挥了重要作用。

但是,中外合作办学工作中仍存在一些突出问题,应当引起各地教育行政部门和各高校的高度重视。有些地方和学校不考虑学校的办学目标和运行能力,不仔细核查外方的资质和办学能力,偏重在办学成本相对低廉的商科、管理以及计算机和信息技术等学科(专业)低水平重复办学;有些学校未能悉心谋划合作办学的办学模式和教学安排,引进外国教育优质资源特别是引进外方核心专业课程以及外国教育机构教师授课的比例很低,难以保证办学质量;一些地方和学校背离中外合作办学的公益性原则,追逐经济利益;更有个别地区和学校缺乏依法办学和维护教育主权的意识违规办学,损害教师和学生的合法权益,甚至已经引发了群体性事件。

从近期对中外合作办学的实地调查了解和进行复核的情况看,一些机构和项目存在招生宣传不实、招生不规范问题。有些纳入国家高等教育学校招生计划的项目,存在违反政策直接降低批次录取的问题;有些实施外国教育机构学历、学位教育的项目,面临学生不能如期取得国外学历、学位或出国留学不能取得签证等问题;有些实施高等专科教育(高职)的项目,以可转入外国大学继续攻读学士甚至硕士学位课程招揽学生,而学生获得的外国学历学位证书认证问题难以解决;一些高校中外合作办学的收费行为尚需进一步规范;一些高校特别是某些重点高校举办国外大学预科教育性质的课程班,有意混淆了中外合作办学的政策界限;一些高校举办的中外合作办学存在办学论证不严,签署的合作协议不规范、不严谨,财务会计管理不符合相关法规的要求,甚至比较混乱的情况。还有一些院校对合作办学的中方主权重视不够,合作办学机构或合作办学项目的中方管理权不到位,淡化甚至削弱了应有的领导权和决策权。个别地方教育管理部门协调及监管职能不到位,执法不严情况也时有发生。

为进一步规范中外合作办学秩序,现就有关事项通知如下:

一、要切实增强维护高校稳定工作的责任感和紧迫感。保持高校稳定是构建社会主义和谐社会的必然要求,是高等教育事业持续协调健康发展的重要保障。开展中外合作办学要进一步增强政治敏锐性和政治责任感,坚持维护教育政策的严肃性、稳定性和连续性,坚持维护学生的合法权益,防止和排除各种各类因素诱发的学生群体事件对中外合作办学工作的消极影响,促进中外合作办学健康发展。

二、要坚定不移地坚持中外合作办学的公益性原则。有关高校中外合作办学要严格按照国家规定的收费项目和学校所在地省级人民政府批准的收费标准进行收费,并将收费项目和标准进行公示。要端正办学指导思想,抵制和纠正将中外合作办学当作学校创收手段的错误认识和做法。

三、要以引进优质教育资源为核心,牢牢把握好审批入口关。今后教育部审批实施本科以上高等学历教育的中外合作办学机构和项目,将以外国教育机构是否为外国知名的高等教育机构或知名学科专业及著名教授等作为主要依据;对于外国教育机构在国内已举办同类合作办学项目或拟办专业的合作办学项目在国内较为集中的,以及申报的收费标准明显偏离办学成本的,原则上不予批准。

四、要加强高等职业教育阶段中外合作办学的政策研究和发展规划,切实把高等职业教育改革与发展的重点放到加强内涵建设和提高教育质量上来。2008年底以前,原则上暂缓受理此类中外合作办学机构和项目的备案编号申请。请各地在此期间认真做好高等职业教育合作办学发展规划并报教育部,要从学科专业、国别选择、数量布局等方面精心筹划本地区职业教育的中外合作办学规划,指导学校切实加大引进外国优质教育资源的力度,借鉴外方在学科专业设置、课程体系改革、教学内容更新、人才培养模式创新等方面的有益经验,增强培养面向先进制造业、现代农业和现代服务业尤其是能源、矿产、环保及金融等高技能人才的能力。

五、要准确把握中外合作办学的政策界限。当前,一些高校特别是重点高校自行举办了所谓的外国大学预科班,有的纯属外语培训,外国大学不参与在中国境内的教学活动,双方通过签订所谓相互承认学分协议,允诺参加课程班学习的学生有机会转到外国大学继续学习,并在完成学业后在境外获得外国大学的学位证书。上述办学活动不属于中外合作办学,也无益于高校教学质量的提高。各高校应该把工作重点放在提高办学质量上,不宜实施此类教育活动,更不得以中外合作办学名义实施此类教育活动。

六、要按照依法治教和规范管理的精神,进一步加强中外合作办学全过程的监督管理。当前工作重点是招生简章及广告的规范管理和易引发矛盾的学历文凭颁发、学制等环节的监督,要以这两项工作为主开展一次排查,发现问题及时消化解决,对问题严重者要坚决稳妥地予以处理。要严格执行中外合作办学机构或项目的招生简章、招生广告应当及时报审批机关备案,中外合作办学机构或项目的办学报告应按规定时间向审批机关提交等规定。

七、我部将采取相关措施进一步加强中外合作办学的行政监管,重点推进"两个平台"和"两个机制"建设。将依托教育涉外监管信息网开通中外合作办学监管工作信息平台;开发中外合作办学颁发证书认证工作平台;有选择地在部分省市按学科大类开展中外合作办学质量评估,建立中外合作办学质量评估机制;根据法规的要求强化办学单位和各级管理部门的责任,建立中外合作办学执法和处罚机制。为了加强政务公开和信息披露工作,我部将逐步向社会公布经批准的中外合作办学机构和项目名单等相关信息。今年1月初,实施本科以上高等学历教育的部分中外合作办学机构和项目信息情况已通过教育部网站、教育部教育涉外监管信息网公布。

八、各地教育行政部门、各高校要根据本《通知》精神，提出和制定进一步规范中外合作办学秩序的工作方案，并对当前中外合作办学中的不规范行为进行集中清理整顿。要尽快对中外合作办学的情况进行一次摸底排查，全面掌握情况，发现问题，及时妥善整改。有关工作方案和清理整改情况请及时报我部。

我部将对各地、各高校落实《通知》情况进行督导检查，并将适时组织检查组对相关工作落实情况进行检查督导。

教育部
二〇〇七年四月六日

致　谢

自 2005 年我从上海大学社会学系留校上海大学外事处工作以来,高校国际交流开拓了我的眼界和视野,激发了我对高等教育研究的热情。来自世界一流高校的专家和学者们,他们治学严谨,对学术孜孜追求,"较真"的研究态度给我留下深刻的印象。

本书的写作,源于多年高等教育国际交流的实践工作和思考。写作是一个艰辛的过程,是思想升华的过程。有时候为了一个新构思,一个新观点,昼夜冥思苦想,反复推敲,过几天又推倒重来,如此反复,才有今天的拙作呈现在大家面前。

首先,感谢瑞典延雪平大学国际商学院 Helen Anderson 教授。Helen Anderson 作为瑞方的合作教授,我们成功申请瑞典国际发展合作署 Linnaeus-Palm 项目,多次资助我到瑞典访问和学习,打开了我的国际化视野。2017 年 8 月,我有幸入选上海市教委"上海高校中青年教师国外访学进修计划",赴美国肯塔基大学教育学院担任访学高级访问学者一年,感谢合作教授 Beth Goldstein 在学术上给予的亲切指导和无微不至的关怀。

其次,感谢上海大学社会学院陆小聪教授和陆教授团队的老师们。他们每周组织读书会,相互讨论读书的心得体会,以及特有的团队精神,令我终生难忘。尤其感谢上海市教育科学研究院魏延志博士,无论是本书的文献综述,还是研究视角和研究思路,他都提出了中肯的建议。

再次,感谢所有接受我访谈和实地考察中帮助我的朋友们,正是他们无私的奉献,提供了案例研究的宝贵原始资料,他们有丰富的高校国际交流经验和对高等教育中外合作办学的独特看法。到一线实地调查宝贵资料的经历,总是在激励着我不断思考和进步。

最后感谢上海大学发展规划处(高教所)领导们和同事们的大力支持。一切尽在不言中！感谢所有曾经帮助过我的人,祝他们永远健康幸福！

吕明霞

2023 年 11 月

高等教育研究所

上海大学